TORRE SALVANA

TORRE SALVANA

Miguel Ángel Segura

Primera edición: Marzo 2018.

©Miguel Ángel Segura.
©Todos los derechos de edición reservados.

©Editorial Segurama.
Colección: Misterio.
Maquetación: ©Miguel Ángel Segura.
Diseño de cubierta: ©Miguel Ángel Segura.

ISBN: 978-84-948358-7-2
IMPRESIÓN: Safekat.

IMPRESO EN ESPAÑA

Agradecimientos

Mi gratitud más sincera a todas aquellas personas que me han acompañado en alguna ocasión a Torre Salvana.

Gracias también a todas las personas que creen en mí.

Nota de autor

Este libro se compone de dos partes. La primera incluye la información real sobre mis investigaciones e indagaciones en Torre Salvana. No obstante, puede que algunos datos no sean correctos o no se ajusten a la realidad, ya que lo que expongo lo hago desde un punto subjetivo y condicionado por mis propias experiencias, pudiendo esto llegar a alterar la realidad, a pesar de que no sea mi intención.

La segunda parte se trata de una novela corta, donde he creado una historia basándome en teorías, sucesos, anécdotas e hipótesis vinculadas algunas a Torre Salvana y otras al tema paranormal.

… Sin prólogo

Torre Salvana es un lugar tan fascinante que podría dedicar muchas páginas para cubrir un prólogo. Sin embargo, no lo voy hacer. Prefiero que vayan descubriendo el lugar a medida que van leyendo el libro.

Lo que sí voy a decirles en este «… Sin prólogo» es que no he conocido otro sitio igual en toda mi vida. He investigado más de doscientas localizaciones en Andorra, España, Francia y Portugal, y ninguna de ellas se asimila lo más mínimo a este enclave. No es menos cierto que existen otros lugares como el Hospital del Tórax, al que he dedicado 6 libros, o Can Busquets, Casa Lila, Llac Petit (1 libro) o el Fuerte de San Cristóbal (1 libro), donde los misterios, la historia y lo paranormal impregnan de lleno sus muros. Pero Torre Salvana tiene algo diferente, y es que lo que allí se manifiesta muestra una inteligencia y sabiduría muy superior que en el resto de enclaves que he conocido. Es por eso que desde años tenía claro que

tenía que escribir un libro sobre el popular Castillo del
Infierno; así se conoce popularmente a Torre Salvana.

PARTE 1

Breve historia de Torre Salvana

Mucho se ha especulado sobre el origen de esta edificación, a la cual se le conoce popularmente como Castillo del Infierno. Sin embargo, desde que comencé con esta investigación hace más de una década vengo diciendo —tanto en mis libros como en las intervenciones públicas donde ha salido el tema— que en realidad Torre Salvana era una masía que, tiempo atrás fue reformada por parte de sus propietarios, quienes le dieron imagen de castillo debido a que les gustaba este tipo de edificaciones. Pueden tirar de hemeroteca para comprobar lo que les comento.

Han habido algunas personas interesadas en manipular esta información e, incluso, en atribuir falsos testimonios sobre mi propia persona. A pesar de todos estos intentos por difamar la verdadera historia del lugar y mis propias aportaciones, existen —como digo— las hemerotecas, donde se pueden rescatar archivos y acceder a la verdad.

Por tanto, partimos de la base de que este lugar —lo seguiremos llamando castillo, debido a que es como se le conoce popularmente— era una masía catalana.

Era imprescindible indagar en la historia oficial de una forma genérica, así que mi primer paso fue adentrarme en los archivos en busca de conocer profundamente los inicios del popular castillo, ubicado en Santa Coloma de Cervelló, en plena zona de la Colonia Guell.

Lo que encontré en las primeras búsquedas fue significativo, ya que la edificación data —según los historiadores— del año 992, aunque hay algunas fuentes que apuntan a que en ese año lo que ocurrió es que los Condes Ramón y Ermengol, propietarios del castillo, vendieron a Ènnec Bonfill, futuro señor de Cervelló, la fortificación junto a los terrenos. La verdad es que no queda demasiado claro si fue el año de construcción o de traspaso y venta del Castillo.

Sabemos que ésta es la primera documentación oficial que existe sobre dicha fortificación, —al menos que yo tenga constancia— desconociéndose hasta la citada fecha otros datos anteriores sobre su existencia, por lo menos que puedan ser fiables.

En el año 1.224 el castillo sufrió las consecuencias de la Guerra Civil Catalana, quedando prácticamente destrozado en determinadas zonas; a pesar de todo, en el año de

1.297, Jaume II compra la edificación a sus propietarios para mantenerla en su propiedad y en la de sus herederos durante casi un siglo. En el año 1.390 es vendida a la ciudad de Barcelona.

Ya en 1.715, Torre Salvana, —según la versión popular, aunque luego veremos que no es así— cae en el abandono, quedando el castillo en ruinas hasta la fecha actual.

Además, la edificación ha tenido diferentes nombres a lo largo de su historia. En el año 992 se llamaba D´Eles, posteriormente, en el Siglo XIV era conocido como Dacort, y actualmente Torre Salvana; nombre que adquiere debido a la familia Salvà, que habitó el lugar a finales del Siglo XVI y principios del Siglo XVII.

Este enclave fue posteriormente propiedad de distintos personajes importantes en sucesivos años, entre ellos los Marqueses de Manresa.

Hasta aquí no aportamos nada nuevo en esta investigación, ya que todo aquel que se haya interesado un poco en su historia conocerá los datos que acabo de citar. Sin embargo, mi trabajo en los archivos ha dado su fruto y he conseguido desmontar parte de la historia popular, ya que he rescatado algunos documentos que demuestran, sin lugar a dudas, que Torre Salvana no lleva —como se comenta popularmente— casi tres siglos abandonada.

En el Siglo XIX la masía fue reformada, siendo dichas obras las que le dan al lugar un estilo arquitectónico con forma de castillo.

Según la versión popular, fue entre el año 1.715 y 1.716 cuando Torre Salvana cayó en el abandono hasta fecha actual, pero mi incansable búsqueda sobre publicaciones de la época han desmontado este rumor.

Encontré un primer archivo que demuestra que esta finca no estaba abandonada en el año 1.895, puesto que pertenecía al Marqués de Barbará. En dicho documento solicita una ejecución de obras de defensa para su propiedad.

En el año 1.926, Torre Salvana aparece junto al nombre de Baldomero Prats, como propietario de la finca. Se menciona que Baldomero portaba la bandera en las fiestas de Santa Coloma de Cervelló, montando un bellísimo caballo y saliendo al trote desde su residencia en Torre Salvana.

Un tercer documento de octubre de 1.928 anuncia en la prensa de la época, «La Vanguardia», que desde Torre Salvana saldrá el féretro con el cuerpo presente de Baudilio Amigó y Monné, quien falleció en su propiedad a la edad de 62 años, siendo llevado hasta la iglesia del pueblo, donde se celebrará el oficio fúnebre y de allí será trasladado al cementerio.

Por si tres documentos no fuesen suficientes, encontré un cuarto que dice que el 10 de noviembre de 1.977, la comisión administrativa de la Corporación Metropolitana adopta un acuerdo con el Servicio de Extensión Agraria para construir un centro de enseñanza agraria en la finca de Torre Salvana. Este proyecto finalmente no llegó a realizarse.

Podemos intuir que entre 1.928 y 1.977 es cuando Torre Salvana cae realmente en el abandono.

Creo que mi investigación documental demuestra que la versión popular que habla de tres siglos de abandono en esta finca, es simplemente una leyenda urbana.

Todos estos documentos los he rescatado de la hemeroteca «La Vanguardia» y, la verdad, me han sorprendido mucho, por lo cual continuaré investigando sobre toda esta historia que parece contradecirse.

✝

Baudilio Amigó y Monné

ha muerto, a la edad de 67 años

(Q. E. P. D.)

Su viuda Antonia Castellví y Carbonell, hijos Francisco (ausente), María y Antonia, hijos políticos José Duñach y José M.ª Lapiedra, nietos Baudilio, José y Rodolfo y demás familia, ruegan a sus amigos que le tengan presente en sus oraciones y asistan a su entierro que tendrá lugar esta mañana, saliendo a las nueve en punto, de su domicilio «Torre Salvana» para acompañarle a la iglesia parroquial de Santa Coloma, donde se celebrará el oficio-funeral y de allí al cementerio del pueblo.

Santa Coloma de Cervelló, 11 octubre 1928

Leyendas y rumores populares

Todos los lugares abandonados o donde habita supuestamente el misterio están rodeados por leyendas y rumores populares, pero si existe un enclave que me sorprende en exceso en este aspecto, ese es sin duda el que nos ocupa en este libro.

Torre Salvana arrastra multitud de leyendas urbanas, la mayoría ciertas. Sin embargo, hay otras que no se pueden demostrar, a pesar de que existen muchas probabilidades de que también sean auténticas.

A continuación vamos a conocer las leyendas más populares que envuelven de misterio a este mítico escenario. Por cierto, tras investigar más de doscientas localizaciones en España, Francia, Portugal y Andorra, no he hallado otro lugar como el Castillo del Infierno en cuanto a sensaciones extremas y fenómenos paranormales. Es por eso que lo bauticé con este nombre. Años después, la mayoría de personas que lo han investigado coinciden en que apodar a Torre Salvana como Castillo del Infierno, es muy acertado. De hecho, hay quien también lo llama Castillo del Diablo.

RITUALES Y SECTAS OSCURAS

Hablar de la presencia de rituales extraños y sectas oscuras en lugares abandonados es algo habitual. A priori parece que estos enclaves son escenarios perfectos para llevar a la práctica este tipo de experiencias. Sin embargo, en muchas ocasiones los rumores no son más que simples leyendas sin fundamento.

No sé si en Torre Salvana realmente se han realizado rituales de este tipo o si opera alguna secta. Sinceramente no he hallado una sola prueba que me demuestre que sea así. Lo único que podría asumir como indicio, y sería especulando demasiado, es el hecho del tipo de fenómenos paranormales que se producen entre sus muros y las sensaciones tan negativas que se respiran en el interior. No he conocido nada parecido en ningún otro sitio, a excepción de zonas concretas en enclaves como Can Busquets y Casa Lila; dos localizaciones que se merecen otro libro.

Hay algo que me sorprende mucho con respecto a los rumores sobre actividad sectaria en el castillo, y es el hecho de que varias personas me han comentado no solamente que esta actividad oscura existe, sino que, además, los grupos ilícitos que se conjuran allí —que lo hacían años atrás— están formados por personas muy poderosas dentro del ámbito social.

Imagino que el único motivo que puede llevar a un grupo de personas con un gran poder adquisitivo a realizar rituales en un lugar abandonado, es que éste se halle ubicado en una zona de poder a nivel energético. De no ser así, sería absurdo creer que no tienen un lugar mejor donde hacerlo, como una edificación propia con todos los lujos y las comodidades que quieran. No sé, es una reflexión que me hago.

PERSONAS QUE HAN MUERTO

Corre el rumor de que varias personas han fallecido en el interior del castillo en las últimas décadas. Sobre esta leyenda no he hallado ni una sola referencia en la prensa, por lo que tengo que creer que se trata de meras especulaciones, aunque tampoco puedo negarlo de forma rotunda, ya que en ocasiones hay sucesos que, por un motivo u otro, pasan de puntillas en los medios de comunicación.

A día de hoy, por tanto, y basándome en mi propia investigación documental —aun a riesgo de poder equivocarme— tengo que catalogar este rumor como algo sin fundamento real.

FANTASMAS DE ANTIGUOS MORADORES

Suele ser habitual que en edificios como el que nos ocupa en este libro corran populares historias sobre fantasmas y apariciones de antiguos moradores. Lo curioso en este caso es que se vincula a estos seres con personas de la Edad Media, las cuales se presentan como habitantes del castillo.

Sabemos que Torre Salvana, desde el año 992 nunca ha sido un castillo como tal. Ahora bien, desconocemos si en este lugar existió una fortaleza o edificación similar allá por la Edad Media.

Personalmente, los únicos datos que poseo con respecto a la posible veracidad de la leyenda es la información obtenida a través de apasionantes sesiones de ouija que he realizado. No obstante, sabemos que este tipo de información no suele ser muy fiable, ya que las entidades que se manifiestan a través del tablero suelen mentir con demasiada frecuencia.

Muchas otras personas también aseguran haber establecido contacto con entidades que se presentan como antiguos moradores de un castillo arraigado a este lugar en la Edad Media.

A día de hoy sólo podemos especular con la leyenda, sin otorgarle veracidad alguna, sobre todo si queremos ser rigurosos.

También existen rumores sobre otro tipo de apariciones. Estas suelen ser más comunes dentro de las leyendas populares que rondan a los edificios con misterio. Se habla de extrañas siluetas lumínicas, sombras oscuras y personas extrañas vestidas con ropa actual.

LUCES, RUIDOS, VOCES Y GOLPES

La multitudinaria visita de curiosos a Torre Salvana ha dado paso a que se haya popularizado otra leyenda, la cual parece tener una base mucho más real de lo que algunos piensan, y es que yo mismo, en numerosas ocasiones he podido comprobar la veracidad de estos hechos.

Se habla de luces extrañas con formas geométricas, las cuales se manifiestan en el interior del edificio, concretamente en paredes, suelo y techo de las pocas estancias que conservan este tipo de estructura. Lo curioso es que en la mayoría de estas zonas es imposible que puedan proyectarse luminiscencias o focos reflectantes desde el exterior del habitáculo, por lo que se descartaría la posibilidad de que alguien desde fuera pudiese ser quien genera estas luces.

También hay muchas personas que aseguran haber escuchado voces y gritos que, al parecer, no tienen una causa racional, ya que éstos en ocasiones se producían a escasos metros de los propios testigos.

Otro de los patrones comunes, según la leyenda, es que en el interior del castillo se manifiestan ruidos y golpes violentos, los cuales en muchas ocasiones llegan a interactuar con los presentes.

Todas estas leyendas, aunque parezcan dignas de cualquier película cinematográfica, puedo asegurarles que son reales, y para afirmarlo con tanta rotundidad me baso en mi prolongada experiencia investigando el lugar. En el capítulo que dedico a mis investigaciones paranormales lo cuento. Se van a quedar sin palabras. El castillo de Torre Salvana es tan extremo que, seguramente alguno de ustedes no creerá lo que les voy a relatar.

EL TÚNEL Y EL TESORO

Nos encontramos con otra leyenda que nos habla de un túnel, un tesoro y el cadáver de una doncella.

Según este rumor popular, las entidades que se comunican en Torre Salvana —sobre todo a través de la ouija— incitan a los curiosos a adentrarse en un túnel derruido, en el cuál habría un tesoro y el cuerpo sin vida de una mujer que fue encerrada allí en tiempo antiquísimos. El gran peligro sobre esta cuestión es que si alguien toma la decisión de adentrarse en el túnel puede salir muy mal parado, ya que las condiciones en las que se encuentra nos invita a pensar que, probablemente, pueda sufrir un gravísimo accidente.

No podemos olvidar que algunas entidades procedentes de ese supuesto más allá buscan manipularnos con el fin de hacernos sufrir. Según mi teoría personal, estos seres se alimentan de nuestras emociones, por lo que el sufrimiento es un preciado alimento para ellos. En otros de mis libros expongo esta teoría con todo lujo de detalles, como por ejemplo en la obra titulada: «Ouija. ¿Quieres saberlo todo sobre la ouija?».

MUERTES ENERGÉTICAS

Me resultó sorprendente conocer esta leyenda, la cual ha sido una de las últimas en popularizarse. Ahora entenderán por qué lo digo.

Durante una de las muchas sesiones de ouija que he practicado en el castillo, la entidad que se comunicó nos dijo que nos había matado energéticamente. Lo cierto es que no le dimos demasiada importancia a esta afirmación, pero sí que tengo que reconocer que aquella experiencia con el tablero fue una de las más espectaculares con las que he topado. La inteligencia con la que se manifestó la entidad fue asombrosa, superando las cientos de sesiones que había realizado hasta la fecha en decenas de localizaciones de todo el país.

No le contamos a nadie que a través del tablero una entidad nos dijo que nos había matado energéticamente, aun así, tiempo después surgió la leyenda de que en Torre Salvana habitaban seres que mataban energéticamente a las personas.

Posteriormente supe que otros experimentadores habían recibido esta misma información, en las cuales les aseguraban que los habían matado energéticamente. Esto motivo el nacimiento de los rumores.

No sé a qué se referirían esas entidades con la muerte energética, pero todos los que estábamos presentes en aquella sesión con el tablero seguimos vivos y pletóricos de energía. Lo que sí me resulta curioso es que la causa paranormal tuviera ese interés tan específico en hablar de muerte energética. Me parece cuanto menos, extraño.

BAJADAS DE TEMPERATURA

Si son ustedes aficionados a estos temas del misterio, sabrán que existen muchos antecedentes donde los experimentadores y testigos han percibido bajadas significativas de temperatura en el momento en que se produce alguna aparición o fenómeno paranormal. Bien, sobre esto también existen leyendas íntimamente vinculadas al castillo de Torre Salvana. Estos rumores hablan incluso de cambios bruscos de temperatura aun cuando no se produce —aparentemente— ningún hecho misterioso.

Algunas personas incluso, aseguran haber percibido también la sensación de que la temperatura ambiente ascendía de una forma bastante notoria.

PSICOFONIAS ESPELUZNANTES

La obtención de voces paranormales mediante grabadoras de audio, cámaras de vídeo, teléfonos móviles y otros dispositivos, es tan habitual en el interior del castillo que ya podemos catalogarlo como un hecho paranormal constatado. Aunque para quienes no crean en este tipo de comunicaciones no dejará de ser una leyenda más.

Se rumorea que la mayoría de grabaciones psicofónicas que se obtienen hacen referencia a mensajes dramáticos y amenazantes, pero sobre todo se caracterizan por expresar una inteligencia fuera de lo habitual, donde esas voces interactúan directamente con las personas que están presentes en el momento de realizar la experimentación.

En Torre Salvana se registran además muchas voces en catalán, indiferentemente de que los investigadores sean o no catalanoparlantes. Esto, cuanto menos es curioso, ya que por norma general —aunque puntualmente hay excepciones— en otros lugares, los experimentadores registran voces en el idioma que suelen hablar habitualmente.

Además de las leyendas que acabamos de conocer existen muchas otras. Tenemos que tener en cuenta que la mayoría de rumores que corren alrededor de lugares como éste, suelen carecer de una base real, por lo que las invenciones de la gente son tantas que las leyendas pueden ser casi infinitas. Cualquiera con un poco de imaginación o con ganas de inventar puede crear leyendas de todo tipo, es por eso que debemos intentar contrastar la rumorología que nos llega, para desgranar la información y hallar, al menos, una mínima base real con la que poder empezar a tirar del hilo. En muchas ocasiones, las leyendas carecen incluso de esa mínima base auténtica con la que poder empezar a investigar. Sin embargo, en otras ocasiones llegas a comprobar que son ciertas e, incluso, que la realidad llega a superar la ficción.

Torre Salvana es de los pocos lugares donde la mayoría de leyendas parecen —al menos— tener una base real.

Algunos testimonios

Como algunos de ustedes saben, no soy muy partidario de dar nombres reales en mis libros cuando hago referencia a testigos. Años atrás sí que lo hacía cuando tenía autorización de estas personas o cuando sus declaraciones habían sido públicas. Sin embargo, con el paso del tiempo me di cuenta que esto era para los testigos mucho más perjudicial que beneficioso, y que algunos con el paso del tiempo se arrepentían de haber hecho público su nombre. ¿Saben por qué?.. Porque la maldad humana no tiene límites, y muchos de ellos fueron sometidos a burlas, críticas y ataques por simple envidia o diversión.

A día de hoy siempre recomiendo a los testigos incluirlos en mis libros bajo un nombre ficticio, para que se eviten posteriormente el mal trago de recibir comentarios de mal gusto. No obstante, hay quien a pesar de mis consejos decide que quiere que aparezca su nombre real. En tal caso lo incluyo.

Les explico esto para que sepan que algunos nombres de los que aparecen en el libro pueden ser seudónimos, garantizando así el anonimato de las personas implicadas. No obstante, las experiencias son reales.

Ahora vamos a conocer algunos testimonios muy interesantes.

VICENTE GARCÍA

Unas de las primeras personas a las que pude entrevistar es Vicente. Sus experiencias en Torre Salvana me dejaron impactado, pues me sentí muy identificado con él en cuanto vivir en primera persona fenómenos de gran magnitud. Lo que me relató fue lo siguiente:

«Me acerqué al castillo acompañado por mi novia. Recuerdo que fuimos de día porque a ella le daba miedo ir de noche, así que no me quedó otra que realizar la investigación una tarde, a plena luz del sol.

Lo primero que me llamó la atención fue el tipo de psicofonías que se registran. Obtuve tres o cuatro muy interesantes, en las que se escuchaban voces que respondían a nuestras preguntas. Eran voces muy claras, y aquello nos sorprendió, tanto a mi pareja como a mí mismo. Además, me resultó extraño el hecho de que todas las respuestas fuesen en catalán. Hasta ese momento nunca había registrado psicofonías en otro idioma que no fuese castellano.

Las preguntas que realizamos fueron varias, pero las tres más significativas fueron estas:

—¿Hay alguien aquí?
—Som aquí (estamos aquí)

—¿Ha muerto alguien en el castillo?
—Els morts s'aixecaran (los muertos se levantarán)

—¿Podéis manifestaros físicamente?
—Això està fet (eso está hecho)

Lo más sorprendente llegó después, ya que presenciamos una silueta negra donde está el torreón. Al ver aquello —cinco o seis segundos después— una piedra nos vino lanzada a gran velocidad, y casi impacta en el rostro de mi novia.

Salimos de allí corriendo, mientras notábamos a nuestra espalda como si alguien nos siguiera, pero al girar la cabeza en varias ocasiones no vi a nadie.

Una vez que mi pareja se calmó un poco, decidí entrar yo solo para ver si es que algún gracioso nos había gastado una broma pesada, pero tras recorrer el interior del castillo palmo a palmo, pude comprobar que no había gente».

SANTIAGO MARTÍNEZ

A veces caemos en el error de asociar los registros paranormales que se obtienen en grabadoras de audio y cámaras de vídeo, con errores comunes y típicos en estos aparatos, los cuales nos parecen extraños debido a nuestro desconocimiento en el campo audiovisual. Sin embargo, ¿qué sucede cuando las grabaciones las obtiene un experto en audiovisuales?

Santiago trabaja como cámara profesional de cine y televisión. Estuvo realizando una producción a título personal en Torre Salvana, cuando sin buscarlo, te topó de lleno con extrañas voces y gritos en su cámara de vídeo. Resumo lo que me explicó:

«Fui a Torre Salvana para grabar unas imágenes para un corto, ya que el lugar es precioso debido a su estructura que le da forma de castillo. Mi idea no era obtener psicofonías ni nada por el estilo, pero me encontré con varias voces extrañas y algunos gritos desgarradores. Algunas de estas voces hacían alusión a la muerte y otras parecían dirigirse a nosotros con mensajes curiosos como: —«No sois bienvenidos», —«Nunca nos iremos», —«Están grabando».

Nos quedamos asombrados al contemplar aquello en la cámara de vídeo, por lo que decidimos regresar otro día para intentar conseguir más grabaciones, y fue entonces cuando registramos los gritos desgarradores que te comento. Era como si hubiese mucha gente sufriendo. No sé, pero nos pareció algo tan terrorífico que, una vez que indagamos en la historia del lugar y supimos que lo denominaban «Castillo del Infierno», entendimos por qué era.

Otro suceso extraño fue que algunas filmaciones salieron totalmente oscuras, como si la lente del objetivo estuviera tapada. Fue muy raro, la verdad.

MARÍA SORIANO

A veces, cuando decidimos ir en busca del misterio, éste se puede llegar a presentar ante nosotros, como le sucedió a María, quien acudió al castillo junto a otros compañeros. Su intención fue la de realizar una sesión de ouija, ya que había escuchado en multitud de ocasiones que este sistema de contacto abría una puerta a la manifestación de fenómenos paranormales. Lo que nunca llegó a imaginar este grupo de amigos es que la magnitud de tales misterios fuese tan grande.

Paso a describir lo que María me contó:

«Fuimos varias personas, y recuerdo que al principio nos tomábamos las leyendas con un poco de humor. Esto era debido a que a veces habíamos investigado otros lugares abandonados y, a pesar de obtener resultados significativos, tampoco habíamos pasado miedo. Es por eso que creíamos que se exageraba sobre Torre Salvana al catalogarlo como lugar infernal. Sin embargo, aquella noche vivimos un auténtico infierno y pasamos miedo.

Nos situamos en lo que era la antigua cocina, y allí comenzamos a realizar una sesión de ouija. Nada más iniciarse la comunicación ya nos dimos cuenta de aquella situación no tenía nada que ver con el resto de sesiones que habíamos realizado. La entidad se mostró muy inteligente, desplazando el máster a gran velocidad y mostrando un nivel cultural muy superior al nuestro. Nos dio una serie de datos que, posteriormente en casa, una vez que indagué en Internet, pude comprobar que eran ciertos.

El ser nos dijo que llamaba Carl, y nos preguntó si queríamos ver su potencial. Nosotros le dijimos que sí, y a partir de ese momento vivimos una oleada tremenda de fenómenos paranormales. Esta entidad incluso, nos decía hacia dónde teníamos que mirar antes de manifestarse. Fue realmente asombroso… pasamos miedo.

Esa noche vimos sombras y luces extrañas, escuchamos voces y gritos, observamos cómo se movieron objetos sin que nadie los tocara, incluso algunos compañeros notaron cómo alguien los agarraba. Nunca antes ni después, en ningún otro lugar hemos sido testigos de algo parecido. Torre Salvana es otro mundo».

DANIEL SANTOS

Una de las experiencias más sobrecogedoras fue la

vivida por Daniel. Lo primero que tienen que saber es que este hombre es escéptico, y acudió a Torre Salvana con unos amigos, los cuales sí que creen en todos estos temas, pero él siempre se había mostrado esquivo, pues pensaba que los fenómenos paranormales no eran más que simples leyendas.

Aquella noche, entre risas y burlas, Daniel se presentó en el castillo acompañando a varios colegas. Lo que sucedió fue tremendo.

Varias manifestaciones extrañas comenzaron a producirse, hasta tal punto que nuestro protagonista en un momento determinado se quedó paralizado. Según sus amigos, el hombre estaba inmóvil y no respondía cuando lo llamaban, incluso lo agarraron del brazo, pero éste seguía con la mirada fija y perdida en el horizonte. Tras un par de minutos, Daniel reaccionó y volvió de nuevo a la realidad. Lo que contó a sus compañeros pone los pelos de punta... Lo describió así:

«He visto un ser extraño, el cual se ha situado a un metro de distancia de donde yo estaba. Tenía los ojos grandes y penetrantes... Me miró fijamente y aquello me eclipsó. No sé muy bien cómo explicar lo que ha pasado, pero lo sí tengo claro es que esa entidad ha querido poseerme. No podía apartar mi mirada de sus ojos, era como si me estuviese hipnotizando, y he mantenido una lucha mental muy fuerte, como si él quisiera apoderarse de mí y yo intentara evitarlo. Ha sido una lucha mental. Sé que esto parece de locos, pero es lo que he vivido. ¡Quiero irme de aquí ahora!».

En días posteriores al suceso, nuestro protagonista fue testigo de varias apariciones extrañas en su domicilio. Según sus propias palabras, considera que tienen relación con la experiencia que padeció en el castillo. Transcurridas unas semanas, estas apariciones dejaron de producirse. Es como si se hubiese llevado restos energético del castillo, los cuales se disolvieron poco a poco, hasta desaparecer por completo.

Son multitud de testigos los que a día de hoy han experimentado en sus propias carnes la grandeza de lo que acontece en este mítico escenario.

Torre Salvana no tiene nada que ver con otros lugares marcados por el misterio. Las personas que han investigado el lugar dan buena cuenta de ello.

Mis investigaciones

Descubrí Torre Salvana hace casi una década y media, cuando unos amigos me llevaron allí. Ni por un momento pude imaginar lo que se me venía encima.

Pasé años de intensa investigación intentando comprender lo que sucedía en el enigmático castillo. No cabe duda de que las manifestaciones tan extremas a las que me iba enfrentando hacían que cada vez me enganchara más al lugar, a la vez que me ponían en serias dificultades a la hora de intentar encontrar una explicación a los sucesos. Nunca antes había sido testigo de fenómenos tan inteligentes y constantes. No tenemos que olvidar que en aquella época también investigaba el Hospital del Tórax, por lo que estaba acostumbrado a lidiar con este tipo de manifestaciones. Sin embargo, lo que presencié en Torre Salvana no tenía nada que ver con los fenómenos que captaba en el Tórax. El castillo era diferente. Siempre lo he definido como entrar en otro mundo donde todo, absolutamente todo, es posible.

En mis primeras investigaciones fui testigo junto a S.M., I.G., y A.C., de fenómenos tremendos. Todo era surrealista. Mientras no iniciabas una sesión de ouija el ambiente era tranquilo, la calma incluso te agobiaba, era poner los dedos encima del máster (anilla) que utilizábamos para realizar la sesión y se desataba el mismísimo infierno.

Una noche junto a Francisco, la ouija nos volvió a sorprender: a los pocos segundos la pared se iluminó de color amarillento y varias siluetas de *¿monje?,* —o esa apreciación tuvimos— comenzaron a desfilar en forma de sombra blanquecina ante nuestra mirada atónita. También un humo negro, denso y viscoso, entró por una ventana para desaparecer en esa misma pared segundos después de sobrevolar nuestras cabezas.

También aquella noche, justo al llegar, la ouija nos dijo *"esperad una hora".* Durante ese tiempo no ocurrió nada, ni siquiera el tablero funcionaba; la calma era aplastante, sin embargo, justo al pasar la hora, comenzamos a escuchar encima de nuestras cabezas, —estábamos en una bóveda donde debido al deterioro del castillo es imposible acceder a la parte superior de donde provenían los golpes— unos golpes rítmicos de extrema contundencia que duraron alrededor de un minuto. Algunos identificaron ese sonido como golpes de bastón que marcaban un mismo ritmo, para otros parecía un trotar de caballos, lo que no cabe duda es que esa noche fue impresionante.

En otra ocasión, teniendo como testigos a las cámaras de TV3, nos salió en la ouija una entidad que nos dijo ser LAL. Se identificó como ese humo negro que en muchas ocasiones entraba por la ventana, creando en todos los presentes el desconcierto que ya se podrán imaginar. Este humo negro una noche hizo que nos lleváramos un buen susto.

En esa ocasión nos acompañaban dos personas más a parte de los ya habituales, eran Carlos C. y Alexia G. Recuerdo que durante una de las pausas que nos tomamos en mitad de la experimentación, yo me encontraba mirando a mis compañeros, —era el único que estaba de espaldas— y si hubiese llegado a saber lo que iba a ocurrir, no habría dudado un solo instante en alejarme de allí... La cuestión es que mientras comentábamos la grandeza paranormal del lugar, escuchamos cómo los matorrales que teníamos al lado se movían, como si alguien pasara corriendo a gran velocidad, incluso noté cómo algo pasaba por mi lado, ya que tenía unas piedras rozando uno de mis pies, y sentí incluso como estas se movían, pero al girarme no vi absolutamente nada. Cuando volví de nuevo el rostro pude ver a mis compañeros blancos, completamente pálidos, diciéndome una y otra vez: «¿lo has visto?, ¿lo has visto?». Yo no había visto nada, pero ellos sí. Al parecer, ese humo negro y viscoso había salido de los matorrales y había pasado por mi lado, rozando mi pierna. Fue muy extraño, parecía tener vida propia.

Posteriormente, LAL —que se identificaba como ese humo negro— nos dijo que no era una entidad, sino un grupo. Le preguntamos el nombre de dicho grupo... y mediante el tablero deletreó: *«Luminatis, Asigner Lumis»*.

¿Luminados Asignados a la Luz?, nos preguntamos. La verdad es que no sabíamos nada referente a la existencia de un grupo que se denomine así. La única posibilidad que nos venía a la cabeza es que hiciera referencia a los famosos Illuminati.

En muchas ocasiones nos hemos quedado perplejos ante los mensajes recibidos a través de la ouija, como por ejemplo la noche en que la entidad que se comunicaba mediante el tablero nos investigó a nosotros...

«¿Habéis venido a investigar o a ser investigados?». Esta fue la pregunta que la ouija nos hizo al iniciar la sesión. Como podrán imaginar, nos quedamos atónitos.

A raíz de este mensaje, la entidad comenzó a formularnos preguntas sobre nosotros, las cuales llegaron a ser sorprendentes y muy poco comunes. Sin duda, la inteligencia y el nivel de sabiduría que mostró aquel ser, fueron extraordinarias. Terminamos convencidos de que en ese otro lado hay entidades que poco o nada tienen que ver con difuntos. A pesar de nuestra dilatada experiencia como buscadores de la Verdad, nos dimos cuenta de que no sabíamos absolutamente nada sobre ese otro lado.

Tiempo después, en otra experimentación realizada en la puerta de Torre Salvana, —no entramos en el castillo— nos apareció en el tablero una entidad que aseguraba venir del futuro. Nos explicó que estaba en Sevilla, en un laboratorio donde investigaban los viajes en el tiempo, las dimensiones y otras cuestiones de este tipo. Nos dieron datos curiosos y nos hablaron de una pequeña isla situada en otro continente, donde estaba el centro principal de operaciones de esta empresa. No recuerdo el nombre de dicha empresa, ni tampoco el de la isla, pero sí que me acuerdo perfectamente que tras buscar en Internet los datos que nos había facilitado, hallamos esta diminuta isla, por lo que pudimos corroborar que, al menos, parte de la información que nos habían facilitado era cierta.

También nos nutrió de datos muy concretos sobre física, biología y otros campos de la ciencia. Nosotros no teníamos ni idea de todo aquello, lo cual también resultó ser cierto, ya que pudimos verificar la información.

Si la experiencia les parece sorprendente, espérense a conocer lo que sucedió después.

Este supuesto hombre del futuro accedió a darnos más pruebas sobre la realidad de lo que nos estaba contando, fue entonces cuando nos propuso realizar un experimento, al cual accedimos.

Lo primero que nos pidió fue que uno de los presentes se alejara veinte o treinta metros del tablero y que pensara un número... Instantes después, la ouija deletreó un número en la tabla que, casualmente —o no— era el mismo que este compañero había pensado. Tenemos que tener en cuenta que la persona que pensó el número no tenía el dedo puesto en el máster cuando la entidad lo adivinó. Fue asombroso.

La cosa fue a más y nos dijo que fuésemos a la Ermita de Sant Antoni, que estaba a 6 kilómetros desde el lugar donde teníamos el coche. Al mirar el GPS nos dimos cuenta que, efectivamente, esa era la distancia que nos separaba de la ermita. ¡Nos quedamos a cuadros!

Al llegar a lugar indicado, —nos quedamos abajo, en el parking, ya que nos negamos a subir montaña a través a esas horas de la noche— la entidad nos propuso realizar una segunda prueba, en la cual pidió que otro compañero se alejara cincuenta metros del tablero y pensara una palabra... A los pocos segundos, la ouija deletreó: «Roma». ¡Acertó! Mi compañero empezó a dar saltos de asombro y gritar una y otra vez que la ouija había acertado. Para colmo, había anotado previamente la palabra en un papel, así que nos mostró la prueba irrefutable de que la entidad había acertado. Aquello no podía ser casualidad.

Esta experiencia que acabo de contarles, resume perfectamente lo que es Torre Salvana. No he conocido —y no creo que conozca— otro lugar como éste. No sé qué hay en ese castillo, pero su grandeza es absoluta. El potencial de las entidades que se manifiestan allí es de tal calibre que, incluso a más de 6 kilómetros de distancia pueden manifestarse una vez que han entablado el contacto. ¡Tremendo!

Ahora voy a exponer algunas de las psicofonías que he conseguido registrar en Torre Salvana, y las cuales demuestran claramente que detrás del fenómeno hay una inteligencia evidente.

PSICOFONÍAS

—¿Realmente sois habitantes de la Edad Media?
—Somos nosotros.

—¿Cómo podemos mejorar la comunicación?
—En lugares de Poder.

—¿Existe vida después de la muerte?

—Nacemos, morimos y nacemos.

—¿Nos conocéis?

—Francisco, te miro.

—¿Tenéis algún mensaje para nosotros?

—Os mataré.

Ahora les animo a que lean la transcripción completa de una de las sesiones de ouija que hemos llevo a cabo en el castillo. Estoy seguro de que se van a sorprender.

SESIÓN DE OUIJA

—¿Hay alguien aquí?

—Hola. Soy Evert.

—¿Qué nos vas a contar hoy?

—Quiero explicaros varias cosas que os acercarán al conocimiento. Existen tres tipos de dimensiones: física, mental y astral. Cada una de ellas está compuesta por seis dimensiones.

La física se conforma de alto, largo y ancho; las otras tres dimensiones físicas son reflejos de estas tres.

—¿Nos lo podrías explicar mejor?

—Muchos fenómenos que asociáis a lo paranormal en realidad son producto de los reflejos que producen estas tres dimensiones paralelas a las que ya conocéis: largo, alto y ancho.

—¿Y las dimensiones mentales y astrales cuáles son?

—Las dimensiones mentales están vinculadas a vuestro pensamiento. No sois conscientes de que mentalmente estáis creando realidades de forma constante. Vuestro cerebro primitivo no os permite entender esto, así que no voy a darnos más explicaciones al respecto.

—¿Y qué son las dimensiones astrales?

—Primero tenéis que entender cuáles son y cómo funcionan las dimensiones físicas y mentales. Es absurdo que ahora os hable de las astrales y os expliqué algo que no vais a comprender.

—Volviendo a las dimensiones físicas, ¿las sombras misteriosas y las voces paranormales son reflejos de las tres dimensiones físicas que conocemos?

—Es posible…

—¿Nos puedes dar más información?

—Investigad.

—Bueno, pues si no quieres o no puedes, háblanos de otra cosa.

—El número 666 no es el número del diablo.

—¿Cuál es el número del diablo entonces?

—616.

—¿Y por qué se asocia entonces el 666?

—Este número es el Todo. Refleja el conocimiento. No sé si os habéis dado cuenta, pero os he dicho que existen tres tipos de dimensiones: física, mental y astral; y que cada una de ellas tiene seis dimensiones. 6-6-6-.

—¡Ostras! Es verdad...

—Se asocia el 666 al maligno para que la gente le tema a este número, pues en realidad lo que buscan es alejaros del conocimiento para que sigáis siendo unos ignorantes y nunca alcancéis la sabiduría que aporta la Verdad.

—¿Quién intenta que nos alejemos del conocimiento?

—Aquellos que sacan beneficio de quienes ignoran la Verdad.

—¿Políticos y banqueros?

—No. Ellos también viven en ignorancia.

—¿Entonces quiénes son?

—Los amos y señores de vuestro mundo.

—¿Pero quiénes son esas personas?

—No son personas de carne y hueso, son fuerzas espirituales. Vosotros los llamáis demonios, pero os puedo asegurar que su apariencia en angelical y dulce.

—¿Nos puedes dar más información al respecto?

—Otro día. Ahora tenéis que reflexionar sobre todo lo que os he contado.

—Gracias por todo.

—Adiós.

Como han podido comprobar, las sesiones de ouija en Torre Salvana son de otro calibre. No me cansaré de repetir que ese enclave no tiene nada que ver con el resto de lugares que he visitado. Entre los muros del castillo se esconden fuerzas y energías muy poderosas, más de lo que muchos pueden imaginar.

EXORCISMO EN TORRE SALVANA

¿Se imaginan a un Sacerdote Católico realizando un exorcismo?.. Quizá sí, ya que existen algunas personas vinculadas a la Iglesia Católica, que se dedican a ello, como por ejemplo el Padre José Antonio Fortea. Sin embargo, ¿pueden llegar a imaginarse al cura realizando el exorcismo a un edificio en vez de a una persona? Esto quizá no, ya que pocas veces se ha escuchado algo similar, al menos en los medios de comunicación convencionales. Pues bien, en Torre Salvana —supuestamente— un Sacerdote Católico realizó un exorcismo en el castillo para limpiarlo de demonios. La historia viene de lejos, así que voy a contársela.

Me consta que hace años había una persona —omitiré su nombre— que vivía cerca de Torre Salvana y que se dedicaba a burlarse de los misterios que contábamos sobre este lugar. Este hombre era amigo de las personas que investigaban conmigo, concretamente residían en el mismo barrio. Tomó la costumbre de reírse y burlarse de mis investigaciones, con el fin de desprestigiarme y así caer bien a quienes me consideraban un enemigo o rival en esto del misterio. Yo no tengo enemigos, pero para mucho yo sí soy su enemigo, ya que me ven como competencia. En fin... La cuestión es que las burlas y risas de este chico le trajeron serias consecuencias.

Una noche —yo no estaba presente en aquella jornada— la ouija les dijo a mis compañeros que este hombre iba a pagar por sus actos. En el tablero aparecieron una serie de amenazas a modo de vaticinio. Mis compañeros avisaron a su vecino sobre los mensajes que la ouija había trasmitido para él. En ese instante, las burlas desaparecieron de golpe, y sus risas se evaporaron de raíz. El hombre se preocupó tanto que la sugestión empezó a hacer mella en él, hasta tal punto que el miedo se apoderó de su vida, llegando a sufrir ataques de pánico terribles.

Según me explicaron mis amigos, a las pocas semanas el muchacho acudió a Torre Salvana con un párroco de la zona, el cual realizó un exorcismo en el lugar para expulsar a todos los demonios que allí había.

A día de hoy hay personas que aseguran que tras ese exorcismo las manifestaciones paranormales han desaparecido, y que Torre Salvana en la actualidad es un lugar apacible. Sin embargo, otros afirman que esto no es verdad, y que el castillo sigue siendo igual de misterioso y terrorífico, aunque no es menos cierto que hay determinados días donde no sucede nada paranormal, mientras que otros los fenómenos son de extrema contundencia.

Mis conclusiones

Basándome en mis propias experiencias y en los testimonios recopilados, no me queda otro remedio que afirmar
que Torre Salvana es el enclave más misterioso y terrorífico que conozco de entre las más de doscientas localizaciones que he recorrido.

No sé si realmente se han llevado a cabo rituales extraños muy poderosos, de lo que sí estoy convencido es
que este lugar es muy especial. Me asalta una gran duda:
¿ese punto geográfico es una zona de Poder o se ha convertido en ello debido a algo que ha ocurrido allí? A día
de hoy no puedo solventar esta incógnita desde la objeti-
vidad y el rigor, pero sí que puedo especular un poco
desde la subjetividad y pensar que quizá sea una mezcla
de ambas cosas: un lugar de Poder geográfico y un suceso muy poderoso acaecido allí.

Podemos acudir —o al menos antes se podía— al

castillo y no ser testigos de nada, pero también podemos presenciar cómo se desata el mismísimo infierno. Hay cuestiones que se escapan a nuestro entendimiento, como por ejemplo saber por qué algunos días —o noches— la actividad paranormal y las sensaciones extrañas son de gran calado, mientras que otros no percibes nada extraño y las manifestaciones paranormales tampoco hacen acto de presencia.

Esto no sólo sucede en Torre Salvana, me lo he encontrado en todos los lugares que he investigado a lo largo de estos quince años. Es como si existiera una barrera invisible entre nuestro mundo físico y el espiritual, y dependiendo de ciertas cuestiones que desconozco, hay días en que esta misteriosa barrera se abre para dejar paso a que ambas realidades —física y espiritual— se fusionen. No me digan que no es apasionante todo esto. ¡Cuánto nos queda por descubrir!

Ahora, si me lo permiten, me gustaría darles un consejo: no se cuelen en Torre Salvana. Como expliqué en páginas anteriores, he vivido experiencias tremendas en la puerta del castillo sin necesidad de tener que entrar, por lo que si deciden investigar por ustedes mismos, háganlo desde fuera, para evitarse problemas. Recuerden que si el lugar se encuentra cerrado es porque su interior está muy deteriorado y eso puede llevar a los visitantes a sufrir un accidente. No se la jueguen tontamente.

¿Le apetece ahora leer una trepidante novela basada en Torre Salvana?.. ¡No les dejará indiferentes!

PARTE 2

NOVELA CORTA

La maldición de Torre Salvana

0

Siempre me ha apasionado la Edad Media y todo lo que tiene relación con castillos y fortalezas de esa época. Mi sueño desde niño fue poder vivir en un castillo, pero lamentablemente mis recursos económicos nunca me lo habían permitido, ya que procedo de una familia humilde y trabajadora. Sin embargo, un día la vida me cambió de forma radical.

No tenía por costumbre invertir dinero en juegos de azar, pero una mañana no sé por qué me levanté con la imperiosa necesidad de acudir a una Administración de Lotería para comprar un boleto. Una vez allí pude ver en una de las pantallas que en el juego de Euromillones había un bote con más de cien millones de euros, así que agarré una papeleta, rellené los números y aposté…

Cuál fue mi sorpresa días después cuando supe que los números que había marcado habían salido elegidos. ¡Hice un pleno! Además fui el único ganador, por lo que más de cien millones fueron a parar a mi cuenta bancaria. Ese día mi vida cambió por completo y decidí cumplir muchos de mis sueños, entre ellos el de adquirir un castillo.

Por cierto, no me he presentado: me llamo Alonso Mendieta. Actualmente soy el propietario de una finca conocida como Torre Salvana, la cual pude comprar tras varios meses de intensas negociaciones con sus antiguos propietarios.

Decidí adquirir esta masía con estructura de castillo por varias cuestiones, entre ellas por su ubicación. Estuve mirando algunos castillos pero me pusieron muchas pegas a la hora de vendérmelos, así que la masía me pareció una buena opción, aunque como digo, tuve que pasar varios meses entre duras negociaciones hasta que al final pude hacerme con ella.

Cuando formalicé la compra de la propiedad no podía imaginarme lo que sucedería después. Torre Salvana no es un lugar cualquiera y lo que pude descubrir sobre esta finca es digno de cualquier película cinematográfica. Pronto irán comprendiendo a qué me refiero, pero vayamos por partes y déjenme explicarles mi historia de forma cronológica.

Cuando visité la finca en varias ocasiones antes de comprarla percibí que estaba en un lugar especial, aunque pensé que la emoción que me movía era tan fuerte que aquello me sugestionaba, y por eso no le di mayor importancia a ciertas cosas que viví allí. No obstante, recuerdo que cuando acudí con los técnicos para ver la viabilidad del proyecto que quería llevar a cabo, ya que deseaba arreglar aquello para poder vivir allí, sucedieron cosas extrañas.

En aquella jornada uno de los profesionales salió pálido. Cuando le pregunté qué le pasaba no quiso decírmelo y achacó su nerviosismo a cuestiones mundanas. Me extrañó, pero mi ilusión por hacerme propietario de la finca era tal que no le presté demasiada atención. Tiempo después supe que este señor había sido testigo de una aparición, concretamente de un hombre vestido con ropajes medievales.

Lo primero que hice tras firmar la adquisición de la propiedad en el notario fue acudir al castillo en completa soledad para disfrutar de unos minutos respirando su ambiente. ¡Mi sueño de tener un castillo se había cumplido!

No quise que el tiempo antes de iniciar las obras se extendiese demasiado, así que me reuní esa misma semana con los responsables de la constructora. Si no había contratiempos, en dos meses estaría todo listo para empezar a trabajar. Ya saben, antes debíamos formalizar todo el papeleo.

Estos dos meses han sido los más asombrosos de toda mi vida, y por eso quiero contarles las cosas que he vivido en este lugar y los asombrosos descubrimientos que he realizado. Sé que quizá alguno de ustedes no me crea, pero les aseguro que todo lo que van a conocer es veraz. Torre Salvana es una puerta hacia otra realidad.

Ahora si les parece bien, vamos a dar un salto en el tiempo para que conozcan la experiencia anteriormente citada cuando uno de los arquitectos fue testigo de una aparición fantasmal. Me la explicó semanas más tarde, y así fue la entrevista que mantuve con él (Pedro).

—Hola Pedro. ¿Qué fue lo que viste?

—Me encontraba en la zona del patio cuando me pareció ver una sombra en el interior del torreón. Me acerqué hasta allí pensando era mi compañero Rubén, pero al llegar a la entrada pude ver la silueta de un hombre vestido con ropa muy antigua. En ese momento me quedé helado y sin poder articular palabra. Cerré los ojos un instante porque no creía lo que estaba viendo. Al abrirlos, ese extraño hombre seguía allí… dos o tres segundos después, desapareció. Se esfumó ante mí sin dejar rastro.

—¿Su apariencia era difuminada, transparente o como un hombre normal de carne y hueso?

—Era como tú y como yo.

—¿Te dijo algo, te miró o interactuó contigo en algún momento?

—No me dijo nada, Alonso. Aunque nunca podré olvidar su mirada, ya que sus ojos se clavaron en el míos con una intensidad tremenda.

—¿Crees que ese hombre te estaba viendo?

—Sin duda. En ningún momento apartó su mirada de mis ojos. Pasé miedo, mucho miedo.

—¿Crees en fantasmas?

—Ahora sí. Siempre he sido un tipo muy escéptico, pero esta experiencia me ha demostrado que todo aquello en lo que no creía, es real.

Al conocer este testimonio de primera mano me quedé muy preocupado. Pónganse en mi situación: acababa de adquirir una propiedad en la cual un fantasma se había manifestado de forma rotunda. No sabía qué hacer, ya que desconocía por completo ese mundo de las apariciones y los fenómenos paranormales. Tampoco sabía si aquella manifestación había sido algo casual o si por el contrario en Torre Salvana habitaba un fantasma.

Pasé varias horas reflexionando sobre qué hacer al respecto, llegando a valorar diferentes hipótesis, entre ellas la de contratar a una médium o un equipo de cazafantasmas. Todo me parecía tan surrealista que no fui capaz de tomar una decisión con firmeza, por lo que decidí llamar a un grupo de amigos para contarles lo que había ocurrido.

Cité en Torre Salvana a Elvira, Cintia y José, éste último apodado por los amigos como *Chevi*.

Elvira es una mujer de 35 años; rubia, delgada, guapa y muy simpática. Tiene ese sexto sentido que muchas personas atribuyen al género femenino.

Cintia tiene 40 años; es morena, con complexión normal y siente grandes inquietudes por la historia, la física y la ciencia.

Chevi tiene 42 años; moreno, delgado, guapete y de pura casta barriera.

Consideré que los tres podían ayudarme, ya que nuestra amistad era sincera a pesar de que los cuatro éramos bastante distintos los unos de los otros, pero quizá por eso nos compenetrábamos tan bien.

Nuestra reunión sería al día siguiente... el día 1, en el que todo comenzó.

1

A las cuatro de la tarde nos habíamos citado en la puerta de la finca. Como de costumbre, llegué puntual. A los pocos minutos apareció Cintia, con quien pude mantener una breve conversación.

—Buenas tarde, Cintia.

—Hola Alonso. ¿Cómo estás?

—Algo preocupado…

—¿Esa preocupación tiene relación con el castillo?

—Sí. Cuando estemos todos os contaré una cosa.

—Vale. ¿Y por todo lo demás qué tal? Supongo que ahora que eres millonario la vida te habrá cambiado a mejor —Cintia sonrió.

—Está claro que en lo económico sí, ya que ahora no tengo que preocuparme en ese aspecto. Sin embargo, en la vida hay cosas más importantes que el dinero, como la familia, los amigos, la salud… Ya sabes.

—Sí, yo también pienso lo mismo, pero quitarte de la

cabeza las preocupaciones económicas ayuda a mejorar el estado de salud mental, ¿no crees?

—En parte sí, aunque provoca otros problemas e inquietudes. De todos modos prefiero tener dinero que vivir al día —ambos sonreímos.

En ese instante apareció Chevi. Se acercó caminando con esa chulería que lo caracteriza. ¡Menudo es! He conocido a pocos tipos tan presumidos y vacilones como él. Aunque sin duda, es una gran persona en la que se puede confiar. Como se suele decir habitualmente, es amigo de sus amigos.

Apenas nos dio tiempo de intercambiar unas palabras con Chevi, cuando llegó Elvira.

Después de los saludos pertinentes y gastarme algunas bromas con respecto a mi nueva situación económica, saqué las llaves del portón y entramos.

Llevé a mis amigos por todos los rincones del castillo para enseñarles con todo lujo de detalles la propiedad que había comprado. Tras algo más de media hora recorriendo el lugar, nos sentamos en el patio principal junto a unas piedras. Allí les expliqué la experiencia que Pedro había tenido. Como podrán imaginar, todos se quedaron perplejos, sobre todo Cintia y Chevi, ya que Elvira creía bastante en estas cosas. Es más, mi amiga es una persona bastante sensitiva para todo esto de lo espiritual. A veces, en plan de broma, le llamábamos bruja piruja.

Aquella tarde no presenciamos nada extraño, pero Elvira nos propuso realizar una investigación paranormal en profundidad. Al principio nos mostramos algo reacios, pero finalmente aceptamos. Total, hasta dentro de dos meses no comenzaban las obras de remodelación.

Cintia nos dijo que buscaría información histórica sobre el lugar. A todos nos pareció la persona indicada para ello.

Elvira se encargaría de seleccionar el tipo de aparatos necesarios para dicha investigación, y Chevi me acompañaría a comprarlos. Pagaba yo, como es lógico (risas).

Aquella tarde nos despedimos de forma cordial, ajenos a todo lo que se nos venía encima. En ese momento no éramos conscientes de todo lo que íbamos a vivir a partir de entonces.

2

A la mañana siguiente recibí la llamada telefónica de Elvira, quien me dijo que anotara el listado de aparatos que había que comprar.

Una vez que apunté en un folio lo que mi amiga me había dictado, me puse en contacto con Chevi para que me acompañara de tiendas.

Por cierto, el listado de cosas que anoté fue éste: «Una ouija, una grabadora de audio digital, un altavoz externo, una Spirit Box, un par de cámaras de vídeo con visión nocturna, una cámara fotográfica, varios trípodes y algunos complementos más, como por ejemplo detectores de movimiento, estaciones meteorológicas, etcétera».

Pasamos toda la mañana y parte de la tarde recorriendo las mejores tiendas de Barcelona para adquirir los mejores aparatos del mercado. Recuerdo que a mediodía entramos en una famosa marisquería a comer, donde entre cigala y cigala, conversamos sobre lo surrealista que era todo aquello. No dábamos crédito a cómo habíamos llegado a la situación donde nos encontrábamos, y no me refiero a tener delante dos bandejas gigantes repletas de marisco (risas), sino al hecho de estar a punto de embarcarnos en una aventura de calado paranormal. ¡Y encima con un tablero de ouija por medio! Menos mal que el delicioso vino blanco con el que acompañamos la comida nos hacía envalentonarnos por momentos.

Terminamos de comer sobre las cuatro de la tarde, hora en la retomamos nuestro cabalgar entre tiendas. Poco más de dos horas después dimos por finalizadas las compras, habiendo adquirido todo lo necesario para realizar la investigación paranormal.

No sé si fue casualidad o no, pero en la última tienda en la que estuvimos escuchamos a una pareja de jóvenes hablar sobre la ouija. Nos percatamos perfectamente de toda la conversación ya que los chicos estaban delante de nosotros en la cola de la caja.

Tengo que reconocer que la experiencia que contaron me puso la piel de gallina. Chevi no le prestó tanta atención como yo a la conversación. ¿No se imaginan qué era lo que llamaba su atención?.. ¡Los traseros y las delanteras de las chicas! Él se queja cuando las mujeres lo miran, pero luego es el tipo más mirón que conozco. Creo en realidad le encanta que las mujeres lo devoren con la mirada, y a él devorarlas a ellas. Es un personaje de mucho cuidado (risas).

A las nueve de la noche habíamos quedado todo el grupo para charlar y saber qué información había hallado Cintia sobre Torre Salvana.

Nos reunimos en un conocido restaurante de la ciudad, donde invité a comer a mis compañeros en un confortable reservado. Allí conversamos y reflexionamos sobre la información que Cintia había recabado.

Torre Salvana arrastraba muchas leyendas sobre fantasmas, y numerosos testigos, con nombre y apellidos, aseguraban haber presenciado fenómenos paranormales en su interior. Sobre la parte histórica nuestra amiga llegó a averiguar que al menos una persona había muerto en su interior. No obstante, no encontró ningún hilo de dónde tirar para enlazar el pasado de la edificación con las actuales leyendas misteriosas, por lo que nos quedamos a media ascua. Nos preguntamos si todas esas historias de fantasmas y muerte que rodeaban al castillo tendría relación con su pasado o no, así que no nos quedaba otra que intentar descubrirlo mediante fórmulas menos convencionales, como eran la ouija, las psicofonías y, en definitiva, la práctica paranormal.

Finalmente quedamos en acudir al día siguiente para realizar la primera investigación. ¡Qué nervios! ¿Pasará algo extraño?, nos preguntamos de regreso a casa... Al día siguiente saldríamos de dudas.

3

Como un clavo, a las nueve de la noche nos presentamos todos en la finca. Ya era de noche, por lo que acudimos provisto de linternas y algunas velas.

Elvira fue la encargada de dirigir la sesión, al menos en su inicio, ya que el resto carecíamos de la información suficiente para ello. A las diez de la noche arrancamos con esta trepidante y misteriosa aventura.

«Hay que colocar el dedo índice encima de la anilla de madera y luego preguntar si hay alguien con nosotros». Nuestra amiga nos ilustró de manera que pudiéramos dar inicio a la sesión de ouija. Según nos explicó, lo más efectivo que había para establecer comunicación con ese otro lado era esto. Además nos informó de que mediante el tablero se abren puertas hacia otra dimensión, por lo que la comunicación con los espíritus y entidades del más allá suele ser más fluida.

Lo que ocurrió en aquella sesión nos dejó perplejos. Todos creíamos que nos saldría algún espíritu burlón o quizá maligno, pero no fue así... ¿Se imaginan por un momento que establecen comunicación con los antiguos moradores de la edificación donde se encuentran? ¡Eso nos ocurrió a nosotros!

—¿Hay alguien ahí? —preguntó Elvira, quien formuló todas las preguntas en esa sesión.
—Hola.

—¿Quién eres?
—Dalibor.

—¿Qué haces aquí?
—Esta es mi fortaleza. Yo vivo aquí.

—¿Has muerto en este lugar?
—Sí, pero seguimos morando en él.

—¿Estás con más personas?
—Claro. Esta fortaleza es de mi familia y todos moramos en ella, incluso nuestros antepasados.

—Mi amigo Alonso acaba de comprar este lugar.
—Lo sabemos y no nos importa. Vosotros vivís en el

plano físico de las seis dimensiones y nosotros en el plano astral de las seis dimensiones.

—¿Seis dimensiones tiene el plano físico?

—Claro. Son estas: largo, alto y ancho; y las otras tres son reflejos de estas.

—Has mencionado que vosotros habitáis en el plano astral donde hay otras seis dimensiones. ¿Te refieres al plano espiritual?

—No exactamente, pero sería una manera de decirlo para mentes tan poco desarrolladas como las vuestras.

—¿Entonces no te importa que estemos por aquí?

—No.

—Nos gustaría hablar contigo y que nos contaras cosas sobre ese mundo astral donde estáis. ¿Sería posible?

—Sí. Otro día os hablaré de ello. Ahora me tengo que ir.

Como podrán imaginar aquella conversación nos descolocó por completo, ya que la experiencia vivida no tuvo nada que ver con los tópicos que siempre habíamos escuchado sobre la ouija. La entidad se mostró amable en todo momento y sin intención de asustarnos. Esa noche descubrimos un mundo apasionante relacionado con el tablero. Salimos de allí muy contestos, aunque antes realizamos algunas grabaciones de vídeo y pruebas psicofónicas, sin hallar más resultados que un par de voces que respondieron a preguntas que formulamos.

—¿Hay fantasmas en este castillo?

—Vivos y muertos.

—¿Quién es el hombre que se aparece en el torreón?

—Un viajero del tiempo.

En aquel momento ignorábamos que ambas respuestas tuvieran un sentido tan profundo sobre lo que era y había en Torre Salvana. Aunque no tardaríamos mucho tiempo en descubrirlo.

Finalizamos la jornada sobre la una de la noche. Al día siguiente volvimos…

4

Tengo que reconocer que pasé la noche impactado por la conversación tan apacible que habíamos mantenido con Dalibor. Apenas pude conciliar el sueño, así que al día siguiente tuve que echarme una buena siesta para recuperar fuerzas, ya que a las diez de la noche teníamos que volver al castillo.

Me consta que todos mis compañeros, incluido Chevi, se hallaban en un estado emocional fantástico, pues no sólo habían perdido el miedo a la ouija y lo paranormal, sino que les estaba empezando a gustar mucho el tema. Uno a uno, me confesaron que la experiencia les había hecho disfrutar como a niños.

«Ya sabéis cómo funciona esto, así que colocad el dedo encima de la anilla». Elvira dio el OK para que se iniciara la sesión. En esta segunda jornada fue Cintia quien formuló las preguntas. Por cierto, cuando el máster empezó a moverse un tremendo frío se apoderó de nosotros.

—¿Hay alguien con nosotros?
—Bona nit.

—¿Eres catalán?
—Sí, pero hablaré castellano ya que sois castellanoparlantes.

—¿Eres Dalibor?
—No.

—¿Y cómo sabes que somos castellanoparlantes? ¿Quién te dice que no hablamos catalán?
—Lleváis días viniendo por aquí y siempre os escucho hablar.

—¿Quién eres?
—Law.

—¿Conoces a Dalibor?
—Claro. Es mi hijo. Yo soy el padre de familia.

—¿Sabes por qué hace tanto frío?
—Soy yo. Cuando me comunico con vuestro mundo

necesito absorber mucha energía, y ello provoca que la temperatura baje.

—Según hemos leído, los fantasmas y espíritus absorben energía para poder producir fenómenos paranormales. ¿Ese es tu caso?

—Es posible.

—¿Podemos hablar con más miembros de tu familia?

—La próxima vez que vengáis dejaré que conozcáis a mi hija. Ahora me marcho, pero antes quiero que miréis atentamente la vela que hay junto al tablero.

Sin saber para qué quería que observáramos la vela y sin cuestionarnos nada, nos quedamos mirando fijamente... Instantes después, una bella mariposa empezó a revolotear alrededor de la vela, hasta que se posó sobre ella muy despacio y con sus patitas apagó la llama. ¡Nos quedamos a cuadros! No sólo no se quemó, si no que apagó la llama.

Unos segundos más tarde, la mariposa continuó revoloteando por la estancia hasta que se metió dentro de un habitáculo que hay al lado. En ese momento comenzamos a escuchar pasos procedentes de ese sitio. Eran sonidos muy claros, así que decidimos acercarnos con sumo cuidado, pensado que alguien había entrado. Al llegar allí no encontramos a nadie, y lo más sorprendente es que esa estancia estaba cerrada, forzosamente se tenía que entrar y salir por el mismo sitio donde nosotros habíamos accedido.

Aquella situación nos marcó mucho, y fue la antesala de lo que vendría después. En pocos días descubriríamos algo asombroso que en esos momentos no podíamos ni llegar a imaginar.

5

Ajenos a lo que nos depararía la nueva jornada de investigación, me levanté muy ilusionado por todo lo que estábamos viviendo en el castillo. No sabía si todas aquellas comunicaciones eran algo habitual dentro de estas prácticas paranormales o es que Torre Salvana tenía algo especial. Pronto descubriría este gran enigma.

Aquella mañana estuve de compras, y hubo algo que me pareció extraño. No sé si fue casualidad o paranoia, pero pude ver en tres ocasiones a un hombre que caminaba delante de mí. Lo más curioso fue que me lo topé en lugares diferentes y a horas distintas. Este señor cada vez que llegaba a una esquina se giraba hacia mi posición, y en ocasiones lo hacía incluso apuntando con su teléfono móvil.

La situación fue tan surrealista que me pilló por sorpresa, así que fui incapaz de preguntarle si me estaba siguiendo. Me quedé con la duda, aunque no tardaría demasiado en comprobar que ese tipo no estuvo cerca de mí por casualidad.

Nos reunimos a las siete de la tarde en la finca. Entramos dispuestos a entablar contacto con la hija de Law, así que nos apresuramos para llegar al habitáculo de siempre. Sin embargo, nada más acceder al interior del castillo sucedió algo terrible.

No sabemos cómo ocurrió, pero todos fuimos testigos de cómo una piedra que vino a gran velocidad, rozó la cabeza de Chevi. Éste comenzó a sangrar un poco, aunque por suerte la piedra no llegó a impactarle de pleno, por lo que no necesitó puntos de sutura para cortar la hemorragia.

Nos asustamos mucho, ya que era imposible que alguien hubiese lanzado la piedra desde fuera. Sólo había dos explicaciones posibles para lo que había ocurrido. Una era que alguien desde el interior la hubiese lanzado, y otra que una fuerza sobrenatural hubiese sido la causante de este improperio. Lógicamente revisamos toda la finca, pero allí no hallamos a nadie... al menos de carne y hueso.

Tengo que reconocer que estuvimos a punto de abandonar el lugar sin realizar la investigación, pero Chevi se negó rotundamente: «Por mis cojones que no nos vamos de aquí. Me han pegado una pedrada, pues ahora el que haya sido que dé la cara». El chico sacó el tablero de oui-ja y nos exigió que pusiéramos los dedos en la anilla cuanto antes. Estaba muy cabreado y decidió guiar la sesión con el fin de descubrir quién había sido el responsable de aquello. Lo que ninguno podíamos imaginar en ese momento era cuál iba a ser la respuesta que aparecería en el tablero. ¡Fue increíble!

—¿Quién coño me ha dado con la piedra?
—Han sido ellos.

—¿Quién eres tú y quiénes son ellos?
—Soy Leonor.

—¿Eres la hija de Law?
—Sí, esa soy yo.

—¿Y quiénes son ellos?
—Lo que traen a los intrusos.

—¿Qué intrusos?
—Ellos traen intrusos a nuestra morada.

—¿Personas de carne y hueso como nosotros?
—No. Cuando me refiero a intrusos hablo de otros como nosotros que están en el plano astral.

—Entiendo. Personas que han muerto en otro lugar y que vienen a esta finca, ¿es eso?

—No entiendes nada. Los que traen a los intrusos son personas como vosotros, pero los intrusos en sí son entidades, seres, personas, demonios, etcétera, que son transportados en el espacio-tiempo.

—¿Nos estás hablando de viajes en el tiempo?

—Sí. Hay personas de vuestro mundo físico que se dedican a experimentar con los viajes en el tiempo, pero de momento sólo pueden llevarlos a cabo a través de las dimensiones astrales.

—Mira. Ya me da igual quién me haya lanzado la piedra. Por favor, sigue hablándonos de este asunto de los viajes en el tiempo.

—De todas formas te diré que la piedra te la lanzaron ellos, los que experimentan. Estáis empezando a ser molestos y no les hace gracia que contactéis con nosotros.

—¿Es Torre Salvana un lugar de experimentación?

—Sí, igual que muchos otros sitios de todo el planeta. Hay miles de lugares donde ellos experimentan.

—¿Y por qué han dejado que Alonso compre este castillo si es un lugar de experimentación para ellos?

—Porque al trabajar en el plano astral, el plano físico no es ninguna molestia para ellos. Aunque claro, ahora es diferente, ya que no entraba en sus planes que Alonso conectara mediante ouija con nosotros. Tened mucho cuidado porque estáis en peligro. Esta gente tiene ojos en todas partes.

—Gracias por la información.
—Adiós.

Si las sesiones de ouija anteriores fueron espectaculares, ésta ni les cuento. La cuestión es que ignorábamos si lo que Leonor nos había dicho era cierto o no. Según teníamos constancia, las entidades que se comunican mediante el tablero mienten en un alto porcentaje de veces. No obstante, lo que era seguro es que alguien inteligente se estaba comunicando a través de esta práctica. Deberíamos seguir investigando para llegar al fondo de la cuestión, por lo que continuamos la rutina y quedamos en realizar una nueva sesión al día siguiente. Aunque aquella mañana previa sucedería algo que no estaba en nuestros planes. El suceso parece extraído de una película de conspiraciones, pero fue tan real como la vida misma… o al menos eso creía yo.

6

Preveía que el día transcurriría como en las jornadas anteriores, pero no fue así. Aquella mañana, todo cambió de forma inesperada.

Me desperté sobre la diez y me di una ducha calentita. Preparé un delicioso desayuno a base de embutido ibérico y zumo de naranja natural. Encendí la televisión y me dispuse a disfrutar de los alimentos que había preparado. Era la mejor manera de coger energía para afrontar el nuevo día.

Antes de que pudiera darle el primer sobro al zumo, alguien llamó a la puerta. Me levanté y abrí... Al otro lado me encontré a dos hombres trajeados y vestidos de negro, con pronunciadas gafas de sol oscuras.

—Buenos días, ¿qué quieren? —pregunté extrañado.

—Hola señor Mendieta. Sabemos que es usted el propietario actual de Torre Salvana, ¿es así?

—Efectivamente —asentí con la cabeza.

—Le traemos una propuesta de compra para la finca.

—¿Quieren comprarme la propiedad?

—Sí. Es de sumo interés para quienes trabajamos que usted les venda la finca, ya que quieren construir un gran complejo y su propiedad abarca parte de la zona designada para dicha construcción.

—La verdad es que no estoy interesado en venderla. De todos me gustaría saber para quién trabajan y cuál ese ese proyecto del que hablan.

—No podemos darle demasiada información al respecto. Lo que sí podemos es enseñarle una petición escrita de un alto cargo del Gobierno.

—¿Entonces trabajan ustedes para el Gobierno? —pregunté atónito.

—Se podría decir que sí. Es más, estamos dispuestos a pagarle el doble de lo que le costó la finca, pero tenemos que formalizar la compra cuanto antes.

—Hay cosas más importantes que el dinero y no tengo previsto vender Torre Salvana a nadie, lo siento.

—Creo, señor Mendieta, que usted no es consciente de la importancia de este asunto, así que le rogamos que acepte la oferta y no le dé más vueltas al tema.

—No la pienso aceptar. Ya les he dicho que no quiero vender la finca —insistí.

—¿Prefiere entonces que le arruinemos la vida o que le hagamos desaparecer del mapa?

—¿Cómo dicen? —me quedé pálido al escuchar aquello.

—Está usted metiendo las narices junto a sus amigos en un tema de alto secreto, y ya sabe lo que sucede cuando esto pasa.

—Pues no, no sé lo que sucede. Es la primera vez que me hallo en una situación similar a esta.

—Si no vende y sigue siendo una molestia para nosotros, tendremos que tomar medidas. Podríamos eliminarlo de circulación simulando un suicidio. ¿Lo entiende ahora?

—¿Pero qué cojones me están contando?

—Supongo que habrá escuchado hablar de los hombres de negro, ¿verdad? Pues esos somos nosotros. Le vamos a dar 24 horas para que reflexione sobre nuestra propuesta. Mañana volverá a tener noticias nuestras, así que le recomiendo que no se haga el valiente y sea sensato. Acepte la oferta y evítese problemas.

Cerré la puerta y me senté en el sofá. Estaba tan impactado por lo que acababa de suceder que tardé más de una hora en reaccionar. Fue entonces cuando decidí llamar a mis amigos por teléfono para citarme con ellos y explicarles lo ocurrido.

Dos horas más tarde estaban todos en mi casa y pude contarles lo que había pasado con aquellos dos hombres de negro.

Mis compañeros alucinaron con la situación, y todos me aconsejaron que aceptara la oferta y no me complicara la vida, pero yo no estaba seguro de hacerlo, sobre todo porque no toleraba que alguien me manejara de esa forma, y mucho menos personas de un sistema corrupto y despiadado. Es más, todos tuvimos claro que en realidad lo que había sucedido es que mediante las sesiones de ouija estábamos acercándonos a un gran secreto sobre algo que las altas esferas escondían a la humanidad, quizá la autenticidad de los viajes en el tiempo o la existencia de nuevas formas de vida en otras dimensiones.

Me quedaban menos de 24 horas para tomar la decisión más importante de mi vida y no tenía ni idea de qué hacer.

Pasados unos minutos, se me ocurrió la idea de abandonar el país durante algunos días para poder pensar con calma sobre la situación tan paradójica que estaba viviendo, pero mis compañeros me aconsejaron que no lo hiciera ya que sería como firmar mi propia sentencia de muerte, y esta gente no tardaría en encontrarme.

Otra de las cuestiones que me inquietaban era saber cómo demonios habían tenido constancia de nuestras conversaciones con las entidades que habitan en Torre Salvana. ¿Quizá había cámaras ocultas en la finca? ¿O acaso disponían de tecnología secreta con la cual eran capaces de intervenir las comunicaciones entre nuestro mundo físico y el espiritual? Todo parecía sacado de una película macabra.

Le dije a mis amigos que se marcharan a sus casas y que regresaran al día siguiente a eso de las ocho de la mañana, para notificarles mi decisión final y que estuvieran presentes cuando los hombres de negro hiciese acto de presencia.

Lo que desconocían mis compañeros es que había tomado la decisión de acudir solo a Torre Salvana esa misma noche. Preferí ir en completa soledad para no llamar la atención y poder indagar por allí a ver qué me encontraba. Era consciente de que podía haber cámaras ocultas, pero me daba igual, algo dentro de mí me decía que tenía que hacerlo, así que pasada la medianoche partiría hacia la finca.

7

A la una de la madrugada salí de casa destino a Torre Salvana. Me monté en el coche y puse rumbo hasta la finca. Durante el transcurso no podía quitarme de la cabeza la sensación de miedo, pero aun así continué adelante con propósito de indagar por mi cuenta y riesgo.

Aparqué el vehículo en un parking que hay cerca del castillo para evitar levantar sospechas. Toda precaución era poca, así que una vez que estaba cerca de mi propiedad me adentré en la zona boscosa para acceder por uno de los laterales. Me detuve unos instantes antes de abrir el portón, asegurándome de que no había nadie en los aledaños. Entré y volví a cerrar la puerta con llave.

Tengo que reconocer que el terror se había apoderado de mí, y no sé si fue debido a eso pero percibí un ambiente muy distinto al de otras veces. La sensación que me invadía era de agobio y mal rollo, como si la maldad estuviese instaurada en el interior de la finca.

Caminé sigilosamente hasta llegar al patio principal y, alumbrado con una pequeña linterna que apenas me dejaba ver con claridad, empecé a recorrer los muros del patio en busca de alguna cámara oculta o algo extraño que llamara mi atención. Tras veinte minutos indagando no hallé nada, así que realicé la misma operación en el resto de habitáculos. El resultado fue negativo. No encontré nada que me pareciera sospechoso, así que opté por sacar mi teléfono móvil y ponerme a grabar psicofonías. Realicé varias preguntas, llegando a obtener tres respuestas.

—¿Me podéis decir algo de los hombres de negro?
—Son del Nuevo Orden Mundial.

—¿Cómo saben lo que sucede aquí?
—Necrón.

—¿Qué es el Necrón?
—Lo registra todo.

Intenté obtener más datos sobre el Necrón, pero no registré más voces. En ese momento me maldije por no llevar encima una ouija, ya que no hubiese dudado en iniciar una sesión y preguntar sobre ello.

No sé si ustedes creen en las casualidades o no, pero

yo me veo en la obligación de pensar que detrás de ellas a veces hay algo más. Les digo esto porque me encontré en el suelo un blog de notas, el cual estaba con las hojas en blanco. Quizá se le cayó a algún técnico de los que estuvo viendo la finca, no lo sé. La cuestión es que saqué un bolígrafo e improvisé una pequeña ouija en un papel. Saqué una moneda del bolsillo y me dispuse a formular preguntas.

—¿Hay alguien aquí?
—Hola. Soy Dalibor.

—Necesito que me ayudes.
—Haré lo que pueda. Tú dirás.

—¿Qué es el Necrón?
—Es difícil de explicar en términos que puedas comprender, por lo que te lo describiré de una manera muy simple que puedas entender. Es como una gran computadora que tiene el Universo y en la que queda registrado todo lo que sucede.

—¿Cómo una cámara de vídeo?
—Más o menos, sí.

—¿Los hombres de negro tienen acceso al Necrón?

—Sí. El Nuevo Orden Mundial lo utiliza para controlar mejor a la humanidad.

—¿Qué es el Nuevo Orden Mundial?

—Digamos que es un movimiento creado por las familias más poderosas del mundo, y con el cual pretenden seguir esclavizando a las personas. Ellos lo controlan todo y son los responsables de todo lo que sucede a gran escala, como las guerras, la pobreza, las crisis, las modas, lo políticamente correcto, etcétera.

—Entonces los hombres de negro trabajan para ellos, ¿verdad?

—Sí, aunque lo hacen mediante los gobiernos y los políticos. Los hombres de negro en sí ni siquiera conocen a la élite del poder, ya que éstos nunca salen en las fotos ni se muestran ante sus súbditos.

—¿Los poderosos dan las ordenes a los políticos y éstos a los hombres de negro?

—Ni siquiera eso. Los políticos tampoco saben quiénes son los poderosos, entre unos y otros hay personas que oficialmente dicen ser los dueños del mundo, pero en realidad son simples marionetas. Los auténticos magnates del poder son totalmente anónimos incluso para los propios políticos.

—¿Crees que estoy metido en un buen lío verdad?

—Si lo miras como persona física entonces sí, en el más gordo que te puedas meter jamás. Pero si lo miras como ser espiritual que eres, entonces no tiene importancia, ya que el tiempo que pasas en el mundo físico es un mísero suspiro dentro de la eternidad, y por tanto nada es relevante. Antes o después dejará de existir tu caparazón de carne y hueso, estás condenado a la muerte. Tú decides si quieres vivir con miedo o gozando de la libertad que Dios te ha dado.

—Tendré que reflexionar sobre esto que me has contado. Muchas gracias Dalibor.

—Ahora vete de aquí, los malos han detectado tu presencia y no tardarán en enviar a alguien.

—¿Acepto su propuesta y vendo?

—Esa decisión sólo te corresponde a ti. Yo sabiendo lo que sé preferiría vivir libre unos días que cien años con miedo.

Tras aquella última respuesta, agarré el papel donde había dibujado la ouija y lo rompí.

De forma cuidadosa pero a paso ligero, salí de Torre Salvana dirección al parking. Al llegar allí me di cuenta de que junto a mi vehículo había un coche que me pareció sospechoso, tenía los cristales tintados y el motor en marcha. La verdad es que fueron unos segundos muy tensos, hasta que una pareja se bajó. Entonces me di cuenta de que no eran los hombres de negro. Los muchachos tendrían veinte años aproximadamente y fumaban un cigarrillo de la risa. Me acerqué a mi coche, me subí y emprendí la marcha hasta mi domicilio.

Llegué a casa sobre la cuatro de la mañana, así que intenté dormir un poco hasta las siete y media, pero fue imposible. No conseguí conciliar el sueño.

A las ocho sonó el timbre. Abrí la puerta y allí estaban mis amigos. Los invité a pasar y les conté mi aventura de hacía unas horas. Todos me recriminaron que no hubiese contado con ellos para la inmersión que había realizado en el castillo, pero cuando les expliqué los motivos lo entendieron perfectamente.

Ver sus caras era un poema, se percibía a legua que estaban muertos de miedo, y la verdad es que no era para menos, ya que en cualquier momento iban a aparecer los hombres de negro.

Una hora después volvió a sonar el timbre... Me acerqué a abrir la puerta y allí estaban ellos, con sus elegantes trajes oscuros y esas gafas tan significativas.

—Buenos días —dije serio.

—Hola señor Mendieta. Venimos con los documentos de compra-venta para que los firme.

—Ya les dije que no tenía pensado vender la finca.

—Lo suponíamos, ya que anoche estuvo nuevamente allí metiendo las narices en Asuntos de Estado. Aunque si le somos sinceros teníamos la esperanza de que hubiese recapacitado.

—Lo tengo muy claro. No voy a vender Torre Salvana a nadie.

—Pues entonces no nos deja más remedio que pasar al plan B.

—¿Cuál es el plan B? —estaba acojonado y muerto de miedo.

—Pronto lo sabrá…

En ese instante uno de ellos me empujó con tanta fuerza que terminé en el suelo. Entraron en casa y cerraron la puerta. Cuando me levanté me di cuenta de que habían sacado sus pistolas y, apuntándome me invitaron a sentarme en el sofá.

Al llegar al comedor mis compañeros estaban inmóviles y con los rostros pálidos, eran incapaces de articular palabra.

Al verlos, los hombres de negro se miraron y, rápidamente uno de ellos se acercó al grupo y comenzó a atarles las manos a la espalda y ponerles una mordaza en la boca. A mí no me ataron ni me amordazaron. Instantes después, metieron a mis amigos en una habitación y cerraron la puerta. Pensé que me iban a torturar…

—¿Qué nos van a hacer? —pregunté muy nervioso.

—Eso depende de usted. ¿Va a colaborar o no?

—Quizá me arrepienta de lo que voy a decirles, pero no voy a firmar ningún documento.

—Entonces tendremos que matar a sus amigos.

—Ellos no tienen nada que ver en este asunto, la finca es mía.

—No. La finca es nuestra, porque vivo o muerto nos haremos con ella, así que de usted depende evitar cuatro muertes.

Uno de los tipos me agarró con fuerza y me ató como al resto. Antes de amordazarme me brindó la oportunidad de aceptar la compra, pero me negué. Entonces me dio una bofetada en el rostro y me dijo que ya les estaba tocando los cojones. Acto seguido me llevaron a otra habitación y me dejaron encerrado. Pasé allí 24 horas; sin comer, sin beber y sin poder ir al lavabo. Fue un auténtico calvario.

8

Aquella noche tampoco pude dormir, por lo que llevaba dos días sin pegar ojo. Me encontraba francamente mal, aunque la situación que estaba viviendo —secuestrado en casa junto a mis compañeros— era tan estresante que la falta de sueño era lo que menos me importaba.

A primera hora del día aparecieron los secuestradores y nos sacaron de las habitaciones. Nos quitaron la mordaza y, sugiriéndonos que no gritáramos, me plantearon una nueva oferta de compra por Torre Salvana.

—Señor Mendieta, tenemos que decirle que al parecer le ha caído bien a nuestros jefes, ya que nos han pedido que le hagamos llegar una nueva oferta.

—¿Que les he caído bien? ¡No sean cínicos, por favor!

—No lo somos, se lo decimos con total sinceridad. ¿Sabe qué es lo que les gusta de usted?

—Sorpréndanme, va.

—Sus cojones y valentía. Sabe que va a morir juntos a sus amigos y aun así está dispuesto a ello por una propiedad con la que ni siquiera tiene lazos afectivos. Ya no quedan personas con su coraje y sus principios. Es usted un ser muy especial.

—La vida es muy corta como para vivirla asustado o sometido a las injusticias de corruptos y maleantes —dije enfadado.

—Tiene usted razón, pero pocos son los que piensan así. En definitiva, ¿le apetece escuchar la nueva oferta?

—Adelante.

—Queremos que se una a nuestro equipo de experimentación. Necesitamos gente de carácter, como usted.

—¿Y ese cambio de opinión? —pregunté extrañado.

—Digamos que siempre queremos a los mejores de nuestro lado, y un tipo como usted que está dispuesto a morir por sus ideas es alguien que tiene conciencia y es fiel a todo aquello que considera importante.

—Pero es que ustedes no me importan un carajo —seguía enfadado.

—Ahora quizá no, pero es probable que cambie de opinión cuando nos conozca un poco mejor. No somos tan malos como nos pintan. Nuestro propósito es velar por la humanidad y asegurar la existencia de nuestra especie. Por desgracia, el hombre común no es muy espabilado y sus egos y envidias son tan destructivos que si no estuviésemos nosotros detrás el mundo haría miles de años que habría desaparecido.

—Pues según tengo entendido ustedes se dedican a esclavizar a la gente y no a cuidar de ella.

—Hay tantos mitos y tópicos sobre el Nuevo Orden Mundial que es lógico que nos vea con esos ojos, pero ya le digo que nosotros no somos los malos.

—En el caso de que me interesara por saber más sobre el tema y poder tomar una decisión con conocimiento de causa, ¿qué pasaría con mis amigos?

—Ellos formarían parte de su equipo. Y por el dinero que no se preocupen, los jefes pagan muy bien.

—¿En qué consistiría el trabajo?

—En hacer prácticamente lo mismo que han estado haciendo estos días en Torre Salvana, aunque nunca podrán hablar de ello con nadie que no pertenezca a la organización, a no ser que reciban órdenes concretas de hacerlo.

—¿Podemos pensarlo?

—Por supuesto. Ahora les pondremos en libertad para puedan reflexionar. Eso sí, no salgan del piso hasta nueva orden. Si necesitan comida o cualquier cosa nos llaman por teléfono y nosotros se lo traeremos. Les dejamos este terminal para que nos llamen. Por favor, no utilicen el teléfono de casa. Confiamos en que harán lo que les pedimos, así que no nos defrauden.

Los hombres de negro se marcharon de casa y nosotros nos quedamos eclipsados. No dábamos crédito a lo que estaba sucediendo, parecía extraído de una terrible pesadilla. Yo me negaba a aceptar la nueva oferta, pero mis compañeros me suplicaban que lo hiciera, ya que si no seguramente nos matarían. Fue una decisión complicada de tomar, aunque finalmente lo hice tras analizar pros y contras. Lo que provocó que la balanza se decantara por el sí o el no, fue el hecho de que la vida de tres personas estaba en mis manos. Anteriormente ya estuve en esa situación y me arriesgué al no aceptar la propuesta de estos tipos. Por suerte no mataron a mis amigos, así que con esa segunda oferta no quise volver a tentar a la suerte y decidí aceptarla, aunque mi idea era traicionar a la organización en cuanto tuviera ocasión. No me importaba morir, así que estaba dispuesto a todo en el momento que la vida de mis compañeros estuviera a salvo.

Pasamos el día más tranquilos y relajados desde el momento en que confirmé a mis amigos que aceptaría la oferta. Dormimos plácidamente aquella noche, supongo que debido al sueño acumulado y a la tranquilidad momentánea que provocó en nosotros el hecho de saber que de momento seguiríamos vivos.

9

Abrí los ojos a las nueve de la mañana, mis compañeros seguían durmiendo en las habitaciones contiguas a la mía, así que me acerqué al comedor sin hacer ruido. Al entrar me quedé helado… La mesa rebosaba de comida: tostadas, bizcocho, embutido, mermeladas, mantequilla, zumo, refrescos, café y varias cosas más. En ese momento los dos hombres de negro salían de la cocina con más comida. Nos habían preparado un exquisito desayuno. La verdad es que no entendía nada, así que le pregunté a uno de ellos por qué habían desplegado todo ese cáterin. El otro se ausentó un momento para ir al lavabo.

—Buenos días. ¿Qué es todo esto?

—Un merecido banquete para celebrar que has aceptado nuestra oferta.

—Todavía no le he dicho nada al respecto. Por cierto, ¿ahora me tutea?

—Somos compañeros, por eso te tuteo. Y no te ofendas, pero pusimos micrófonos en la casa y hemos escuchado la conversación que mantuviste con tus compañeros.

—¿Siempre nos vais a espiar? Esto es muy incómodo —protesté.

—¡No! Una vez que os inicies en la organización os facilitarán la vida en todos los aspectos. Aquellos que están de nuestro lado viven rodeados de lujos y grandes comodidades. Además la organización siempre respeta su intimidad.

—¿Siempre? —pregunté incrédulo.

—Siempre que no intenten traicionar la confianza de los jefes, ya me entiendes.

—Tengo una duda que me inquieta.

—Tú dirás —dijo el hombre con una leve sonrisa.

—¿Torre Salvana seguirá siendo de mi propiedad?

—El usufructo sí. Firmaremos la compra de la propiedad, pero mientras vivas podrás hacer uso de ella con pleno derecho, lo único es que no podrás venderla. A cambio tendrás que informarnos de las investigaciones que realices allí y llevar a cabo algunas tareas que te pidamos.

—¿Y cobraré a la firma del contrato?

—Por supuesto. Ya te dije que el dinero no es problema para la organización. ¿Todavía no te has enterado que nuestros jefes son los amos del mundo y, por tanto, los dueños del dinero?

—Sí, me lo imaginaba.

—También recibirás mensualmente a modo de nómina más de cien mil euros, de los cuales pagarás a tus compañeros un 20% a cada uno, quedándote para ti el 40% restante. Además dispondréis de tarjetas bancarias sin límite, con las cuales podréis pagar en ciertos establecimientos y empresas. Os daremos un listado de restaurantes, gasolineras, tiendas, espacios culturales, lugares de ocio, etcétera, donde utilizándolas no tendréis que gastar el dinero de vuestra nómina.

—¿Qué empresas son esas? —pregunté asombrado.

—Las que pertenecen a la organización. ¿Te gusta el fútbol?

—Sí —asentí con la cabeza.

—Pues te vas a hartar de ver partidos de primer nivel (risas).

La situación era tan surrealista que mi ambición comenzó a bullir dentro de mi cabeza. Me veía en los palcos de los estadios más importantes de Europa, rodeado por las altas esferas del mundo del deporte, y eso despertaba en mí el lado más animal del ser humano.

Me estaban poniendo en bandeja no sólo dinero y lujos, también poder y reconocimiento social. Cuando el ser humano tiene acceso a todo esto, es cuando puede empezar a corromperse. ¿Caería yo en las garras de la corrupción? En ese momento no lo sabía, pero era consciente de que todo lo que había comenzado como una pesadilla se estaba convirtiendo en un dulce sueño plagado de lujos, poder y ambición.

A los pocos minutos mis compañeros se levantaron y les conté la conversación que había mantenido con este hombre, del cual todavía no sabía su nombre. La cuestión es que todos sucumbieron rápidamente al deseo de poder y dinero que nos habían ofrecido. Chevi se veía rodeado de mujeres guapas en un jacuzzi. Éste siempre pensaba en lo mismo (risas).

Después de desayunar, uno de los hombres de negro sacó su teléfono y realizó una llamada para concretar cita con el notario. Una hora más tarde salí de casa junto a ellos y me dirigí hasta un piso en el centro de Barcelona. Allí nos recibió un señor de unos sesenta años de edad, con una barriga muy pronunciada, ojos saltones y una nariz puntiaguda. Nos invitó a sentarnos, y allí mismo firmamos la compra-venta de Torre Salvana.

Uno de mis acompañantes sacó nuevamente el teléfono y realizó una llamada para informar de que la operación se acababa de firmar. Entonces me dijo que en diez minutos tendría el dinero en mi cuenta. Yo me sorprendí porque todavía no les había facilitados los datos bancarios, pero ya se pueden imaginar a estas alturas de la película que ellos lo saben todo… Son los amos del mundo y tienen el control de todo.

Al salir del notario me dijeron que anotara un número de teléfono y que llamara si tenía que hablar con la organización. Pronto me asignarían a una persona que sería mi enlace. Los hombres de negro se despidieron de mí diciéndome que su trabajo conmigo había terminado y que lo más probable es que no volviera a verlos.

Me fui para casa, donde me esperaban mis amigos. Al llegar me contaron que unas personas habían estado en el piso retirando los micrófonos que habían puesto anteriormente.

Charlamos sobre lo que habíamos vivido en las últimas horas e intentamos asimilar nuestra nueva vida, la cual estaba a punto de empezar. Al día siguiente, nuevas sorpresas y sobresaltos estaban por llegar.

10

Era muy temprano, cuando sonó el teléfono que los hombres de negro me habían dado. Al descolgar escuché la dulce voz de una mujer que me informó de que era mi enlace con la organización. Me pidió que reuniera a mi equipo y que los llevara a Torre Salvana en cuestión de dos horas. Allí tendríamos un encuentro con ella para conocerla personalmente y recibir las primeras instrucciones.

Pude establecer contacto con todos mis compañeros menos con Chevi, quien tenía el teléfono apagado, así que me di una ducha rápida y fui a buscarlo a su casa.

Al llegar al domicilio de mi amigo, llamé de forma insistente a la puerta, pero no dio señales de vida. Pensé que seguramente se habría quedado a dormir en casa de alguna amiga, ya que de vez en cuando solía hacerlo. Le dejé un mensaje en el contestador del teléfono para que me llamara urgentemente al escucharlo.

Me subí al coche y tomé rumbo a Torre Salvana. Unos minutos más tarde llegué al lugar de destino y aparqué el vehículo en el descampado que hay junto a la finca, concretamente al lado de la rotonda.

Cintia y Elvira no tardaron en aparecer, así que una vez que estábamos los tres volvimos a llamar a Chevi, pero nada... seguía sin dar señales de vida.

A los pocos minutos hizo acto de presencia una mujer de unos cuarenta años. Tengo que reconocer que me impacto. Su belleza y elegancia eran asombrosas, y eso que vestía con tejanos y cazadora, pero se notaba que era una mujer con mucho estilo.

Se presentó como nuestra enlace y mantuvimos una breve conversación.

—Hola a los tres, yo soy vuestra enlace en la organización.

—Hola —dijimos todos.

—Veo que falta el chico, ¿por qué no ha venido?

—Tiene el teléfono apagado y no está en su casa, supongo que habrá pasado la noche con alguna amiga —respondí.

—Cuando os requiera yo o alguien de la organización tenéis que acudir sí o sí, no hay excusa. Tú como responsable que eres de este equipo asumirás cualquier error o descuido. Ata en corto a tu gente y hazte respetar. En esta ocasión no tendremos en cuenta lo que ha pasado porque ha sido la primera vez, pero a partir de ahora tenéis que estar disponibles en todo momento para la organización.

—Esto parece el ejército —protesté.

—¿El ejército? Eso es un campamento de verano comparado con la organización. De nosotros depende la humanidad, así que no me jodas. Ahora id a buscar a vuestro compañero y encontradlo rápido, porque esta tarde pasará un coche a buscaros por casa de Alonso.

—¿Dónde nos llevará el coche? —preguntó Cintia.

—Lo sabréis a su debido tiempo.

Antes de marcharnos de Torre Salvana volvimos a llamar por teléfono a Chevi, pero su terminal seguía apagado, así que decidimos ir a su casa para intentar localizarlo allí.

Pasamos por los barrios de Cintia y Elvira para que dejaran sus coches. Después nos desplazamos hasta el piso de nuestro amigo, pero tras insistir llamando a la puerta en repetidas ocasiones, éste continuaba sin dar señales de vida. No sabíamos qué hacer para localizarlo. Optamos por acercarnos a los bares que solía frecuentar habitualmente, pero los camareros no tenían noticias suyas desde hacía unos días.

Invité a mis compañeras a venir a casa a comer y cruzamos los dedos para que Chevi nos llamara lo antes posible.

Justo antes de bajarnos del vehículo, sonó mi teléfono.

—¡Coño tío! ¿Dónde te metes? —pregunté desesperado.

—Estoy en Girona. Anoche me llamó una amiga y me fui con ella.

—Eres lo que no hay Chevi. Siempre liado con tus amigas.

—Te noto enfadado. ¿Qué pasa?

—Tienes que venir a mi casa ya. Esta gente está mosqueada porque nos ha citado hace un rato y tú no has venido.

—No sabía nada, ¿cuándo te han avisado para la reunión?

—Esta mañana a primera hora.

—Pues que avisen con más tiempo, joder.

—Dicen que tenemos que estar siempre disponibles, que no hay excusas. Vente corriendo para mi casa que en unas horas nos recoge un coche —dije metiéndole prisa.

—¿Dónde nos llevan? —preguntó inquieto.

—No lo sé. Tú vente ya.

—Esta gente no me gusta, tío.

—A mí tampoco, pero es lo que hay. Nos hemos metido en este asunto por decisión de todos. Recuerda que tú fuiste el primer interesado, sobre todo cuando supiste la pasta que ibas a cobrar y los privilegios que tendrías.

Espero que no seas tan ingenuo como para pensar que todo esto es gratis.

—Pues no lo había pensado, la verdad.

—Bueno, no te entretengas más y vente para aquí ahora.

Colgué el teléfono y subimos a casa. Preparamos algo de comer y nos sentamos en el salón para coger fuerzas.

Tanto Cintia como Elvira me miraban con cara circunstancia, empecé a percibir en sus rostros que quizá se estaban arrepintiendo de haberme presionado para aceptar la oferta de los hombres de negro. Ahora ya no había marcha atrás. Si intentábamos abandonar terminaríamos muertos.

A las cuatro de la tarde llegó Chevi, tenía la cara demacrada de la descomunal juega que se había corrido la noche anterior. Mucho me temía que tanta diversión nocturna se había terminado para él, ya que la organización no iba a tolerar ese tipo de comportamiento, nos querían en plena forma en todo momento.

Unos minutos más tarde llegaron a buscarnos. Bajamos a la calle y allí nos encontramos un coche de siete plazas, con los cristales tintados. Un señor trajeado nos abrió la puerta de atrás y nos invitó a acceder.

Preguntamos al chofer que adónde nos dirigíamos y

nos dijo que a una masía catalana. Tardamos cerca de cuarenta minutos en llegar. El tramo final del trayecto fue por un camino de tierra de unos cuatro o cinco kilómetros. Para acceder al camino el conductor tuvo que bajarse del vehículo y, con una llave quitar una cadena que impedía el paso. Sin duda, era un camino privado.

Al llegar a la masía nos quedamos sorprendidos porque la finca estaba muy deteriorada por fuera. Sin embargo, una vez que entramos nos dimos cuenta que el interior era totalmente lujoso. En la puerta nos recibió personal de seguridad. Nos cachearon y nos dieron órdenes de esperar en la planta de abajo. Nos prohibieron subir a otras estancias.

Diez minutos más tarde, apareció la mujer que hacía de enlace…

—Hola chicos, ¿qué tal el viaje?

—Bien, gracias.

—Esta mañana no os dije mi nombre, así que lo haré ahora: me llamo Ana.

—¿Qué es este sitio? —pregunté.

—Uno de los centros de operaciones. Ahora descansad y disfrutad de las instalaciones. Mañana temprano empezaremos.

—¿Empezaremos a qué? —dijo Elvira.

—No seas impaciente —respondió Ana.

Pasamos la tarde viendo varias películas, ya que en el enorme salón había una magnífica filmoteca y un equipo audiovisual de última generación. Era poco menos que un cine instaurado en aquel salón de grandes dimensiones.

Varios empleados del servicio estuvieron pendientes de nosotros en todo momento para que no nos faltara nada. Cenamos una comida exquisita y tomamos un vino de primerísima calidad. Tengo que reconocer que el trato recibido fue mucho mejor del que jamás hubiésemos imaginado.

Por un lado nos sentíamos presionados e, incluso, intimidados, sobre todo en cuestiones de disponibilidad y entrega absoluta a la organización, pero por otro lado teníamos toda clase de lujos y privilegios a nuestra disposición, además de mucho dinero. Todo esto creaba en nosotros un caos mental.

Sobre las once de la noche nos invitaron a pasar a nuestras habitaciones para que nos acostáramos ya. Según nos explicó una de las señoras del servicio, a las seis y media de la mañana nos despertarían para iniciar la jornada. Así que aceptamos la invitación y nos fuimos a dormir. Al día siguiente el surrealismo seguiría cobrando vida… o quizá muerte, quién sabe.

11

Dormía profundamente cuando Chevi me despertó. Al abrir los ojos vi que tenía la cara pálida. Apenas podía articular palabra y sus manos temblaban. Entonces me di cuenta de que algo no iba bien.

—¿Qué te pasa Chevi? —pregunté asustado.

—Acabo de escuchar una conversación terrible.

—¿Una conversación de quién?

—No lo sé, no les he visto la cara —dijo completamente asustado.

—¿Dónde ha sido?

—Iba a salir a respirar aire puro cuando me percaté de que en la habitación de al lado había gente. Pegué la oreja a la puerta y no te vas a creer lo que he escuchado.

—¿Qué coño has escuchado? ¡Suéltalo ya, joder! —exclamé nervioso.

—Hablaban de matar a una persona en un ritual.

—¿Estás seguro?

—Sí. Hablaban de diferentes tipos de torturas y decían cosas muy raras.

—¿No estarían viendo una película y lo que has escuchado ha sido el televisor?

—¡Qué no, joder! Esta gente quiere hacer un ritual y asesinar a alguien, estoy seguro de que nosotros seremos las víctimas. ¡Vamos de aquí ya!

En ese momento un hombre del servicio entró en la habitación para avisarme de que era la hora de levantarse. Al ver mi cara de circunstancia me preguntó si sucedía alguna cosa, pero le dije que no. Me invitó a pasar al salón donde ya estaban el resto de mis compañeros. Se marchó mirándonos de forma sospechosa y, pocos minutos después Ana se presentó allí para pedirle a Chevi que le acompañara. Mi amigo se negó en primera instancia, pero tras ver aparecer por la puerta a dos gorilas de seguridad no le quedó más remedio que acceder. Yo le pregunté a la mujer que a dónde lo llevaba, pero no respondió, tan sólo me miró de forma seria, para instantes después apartar la mirada de mis ojos y continuar su camino.

Les conté a mis compañeras lo que Chevi me había explicado. Nos pusimos en lo peor, creyendo que nuestro amigo sería la primera de las víctimas, y que luego iríamos nosotros.

Pasamos quince minutos en silencio, intentando pensar en qué demonios estaba sucediendo y cómo podíamos salir de aquella situación, cuando de repente, Ana volvió a aparecer ante nosotros. En esa ocasión solicitó que Elvira la acompañara. Ésta accedió a pesar de que el miedo la consumía por dentro. Yo volví a preguntarle a la mujer que dónde estaba llevando a mis compañeros. Su respuesta nuevamente fue el silencio.

Diez minutos más tarde, la situación volvió a repetirse y fue Cintia quien tuvo que marcharse con Ana. En ese momento me quedé solo en el habitáculo, imaginando un terrible desenlace.

Pasé casi media hora, solo y desesperado, hasta que la mujer vino a buscarme. Me agarró suavemente del brazo y me pidió que le acompañara.

Subimos a la planta superior de la masía. Durante los dos minutos de trayecto pregunté varias veces que dónde estaban mis amigos y que adónde me llevaba a mí. La mujer no contestaba, ni siquiera me miraba.

Al llegar a un largo pasillo señaló con su mano a una puerta que había al final y me dijo que entrara allí. Ella se quedó parada mirándome hasta que abrí el portón y entré…

¡Qué alivio!, exclamé para mis adentros una vez que pude ver a mis compañeros sentados en una mesa… ¡y vivos! En una esquina habían varios miembros de seguridad, y en una punta de la mesa un señor trajeado que tenía pinta de ser un pez gordo dentro de la organización.

Me hicieron sentar en una mesa que había aparte. Allí encontré una hoja en blanco y un bolígrafo. Entonces me dijeron que anotara un número, una palabra y un dibujo. La verdad es que no entendía absolutamente nada, pero obedecí... Escribí el número 14 y la palabra «felicidad». Posteriormente dibujé la palma de una mano.

A los pocos segundos de haber terminado, uno de los miembros de seguridad se llevó el papel. El hombre que presidía la mesa le pidió a mis compañeros que sacaran sus hojas. En una de ellas aparecía el número 14, en otra estaba inscrita la palabra felicidad y en la última había pintada una mano. Al verlo me quedé perplejo. ¿Qué diablos está pasando?, pregunté incrédulo. En ese instante, el hombre del traje se dirigió a mí.

—Estimado Alonso, sé que ahora mismo se estará haciendo muchas preguntas con respecto a lo que acaba de suceder. Si me lo permite, se lo aclararé.

—Por supuesto. Estoy deseando saberlo —dije nervioso.

—Como bien sabe nos fuimos llevando a sus amigos de uno en uno antes de traerlo a usted aquí. Sus compañeros realizaron un fugaz viaje en el tiempo que apena duró unos segundos. Chevi viajó al momento en que usted escribía el número 14, y anotó lo mismo que le vio escribir. Cintia viajó al instante en que usted anotó la palabra felicidad, y Elvira hizo lo mismo viajando al momento en que usted realizaba el dibujo.

—¿O sea que se trata de un experimento? —dije atónito.

—Un experimento para principiantes —el hombre sonrió.

—Sus amigos están encantados con esto de los viajes en el tiempo. ¿Ahora le gustaría viajar a usted?

—¡Sí! ¿Puedo elegir destino y año?

—No corra tanto señor Mendieta. El lugar y el momento lo elegimos nosotros. ¿Está preparado?

—Sí, cuando usted quiera.

Los dos seguratas me llevaron a una sala contigua, donde un hombre con bata blanca me esperaba. Me hizo sentar en un cómodo sillón y me puso una especie de casco en la cabeza. Instantes después, empecé a verlo todo negro, hasta que una profunda oscuridad se apoderó de mí. Un par de segundos más tarde noté varias descargas eléctricas en la cabeza y varios fogonazos de luz. Apenas tardé cinco o seis segundos en perder la conciencia. Cuando abrí los ojos me encontraba en la planta baja de la masía, concretamente en el pasillo, junto a Chevi. En ese momento pude ver a mi compañero cómo pegaba la oreja en una puerta y, acto seguido, pude escuchar a varias personas que hablaban en su interior. Ahí fue cuando me di cuenta de que había viajado al pasado, concretamente al instante en que mi amigo escuchó a aquellos hombres hablar sobre sacrificios humanos. No lo dudé y entré en la habitación, lo hice atravesando la puerta, como si fuese etéreo, como un fantasma...

Desde dentro del habitáculo pude escuchar la conversación con todo lujo de detalles, y la verdad es que esos tipos no hablaban de realizar ningún ritual, sino que estaban haciendo mención a un caso que había ocurrido en Colombia, donde unos narcos había torturado a una chica sometiéndola a un ritual macabro. Chevi se había confundido. Respiré tranquilo y salí de la habitación. En ese momento noté como si algo a gran velocidad me absorbiera. Mi cabeza volvió a sentir varias descargas, la oscuridad me atrapó otra vez. Segundos más tarde, volvía a estar en aquel sillón. Había regresado al presente.

Me quitaron el extraño casco y me llevaron nuevamente a la sala donde estaban mis compañeros. El señor que presidía la mesa ya no estaba, ni tampoco los seguratas. Ana se hallaba junto a mis amigos. Al verme entrar me miró dedicándome una dulce sonrisa y, acto seguido, se dirigió a mí.

—¿Ya estás más tranquilo?

—Sí —contesté devolviéndole la sonrisa.

—Imaginé que estarías algo confuso después de escuchar la historia que Chevi te había contado. Como has visto, aquí no realizamos rituales satánicos (risas).

—Pues me quitas un peso de encima (risas).

—Son muchas las leyendas que corren alrededor de la organización, pero casi todas son falsas.

—Alguna cierta habrá, ¿no? —intenté sonsacarle información.

—Por supuesto.

—¿Cómo cuál? —insistí.

—La organización no duda en quitar de circulación a los traidores, ni tampoco a aquellas personas que ponen en riego el sistema. Recuerda que nuestro objetivo principal es asegurar la existencia de la especie y que ésta evolucione.

—Tengo que reconocer que escuchar esto me da un poco de miedo…

—No te preocupes Alonso. Nosotros cuidamos de los nuestros. Si no traicionáis a la organización y respetáis las normas establecidas, todo irá de maravilla.

—Cuenta con ello, Ana. Por cierto, ¿qué haremos ahora? —pregunté interesado.

—Disfrutar de un día espléndido de campo y de la magnífica barbacoa que hay fuera. Quiero que os relacionéis con el resto de miembros que trabajan en esta masía, ya que este lugar será vuestro centro de operaciones.

—¿No iba a ser Torre Salvana? —pregunté extrañado.

—Sí. Torre Salvana en donde realizaréis el trabajo de campo, pero esto es vuestra sede, desde donde lo coordinaréis todo y realizaréis el resto del trabajo.

Pasamos el resto del día a cuerpo de rey. Tengo que reconocer que las personas que conocimos nos cayeron muy bien, incluso aquellos tipos que en apariencia parecían estirados. Todos eran muy simpáticos y agradables. Lo pasamos francamente bien. Incluso mi amigo Chevi parece que estrechó lazos con una chica del servicio. Aunque nos había comunicado que las relaciones de pareja dentro de la organización no eran muy recomendables. De todos, tampoco era algo taxativamente prohibido.

Sobre las once de la noche nos retiramos a nuestros aposentos. Al día siguiente nos iban a explicar qué eran los viajes en el tiempo y cómo se llevaban a cabo, así que lo más apasionante estaba a punto de llegar. Nuestro deseo por volver a Torre Salvana era inmenso, así que estábamos deseando recibir la información necesaria para acudir de nuevo al castillo.

12

Tengo que reconocer que el día anterior había empezado siendo catastrófico, al menos si nos basamos en la conversación escuchada por Chevi y la película que nos habíamos montado en nuestras cabezas. Además, el comportamiento de Ana tampoco ayudó mucho. En algunos momentos se mostró seria, como por ejemplo cuando se llevó a mis amigos de la estancia donde estábamos. Sin embargo, en otros momentos se mostró amable y simpática. La cuestión es que tras el día que pasamos de convivencia con otros miembros de la organización tuve claro que nuestra vida no estaba en peligro. Eso sí, había que respetar las normas y no traicionar a la organización como yo mismo me había planteado hacer hacía unos días cuando acepté la oferta. En la actualidad esa idea se me había esfumado de la mente. Mi deseo era investigar el tema de los viajes en el tiempo. Mi confianza en el grupo era cada vez más firme. Quizá no fuesen tan malvados como los pintan, me dije una y otra vez para terminar de autoconvencerme.

Mis amigos, según me explicaron, estaban completamente entregados a la organización, incluso Chevi, quien me pidió disculpas por haber malinterpretado la conversación que escuchó aquella mañana del día 11.

El despertador sonó a las nueve, era la hora de levantarnos. A las diez teníamos que estar duchados, vestidos y desayunados. Ana haría acto de presencia para llevarnos a una clase informativa sobre los viajes en el tiempo. ¡Estábamos emocionados! ¿No lo estaría usted también?

La cuestión es que Ana llegó puntual, como siempre, y nos invitó a seguirla. Subimos a la planta superior, concretamente a la misma estancia donde estuvimos todos juntos el día anterior. Allí nos encontramos una gran pantalla móvil, donde visualizaríamos algunos contenidos. En las mesas hallamos folios, cuadernos, bolígrafos, lápices, botellines de agua y un termo con café.

Después de sentarnos, la mujer comenzó a explicarnos algunas cuestiones básicas sobre el tema que nos ocupaba en aquella reunión. Lo expuso así:

«Los viajes en el tiempo, como ya habéis podido comprobar por vosotros mismos, son una realidad. Sin embargo, de momento sólo son posibles a través de las dimensiones astrales, por lo que podemos viajar en el tiempo a nivel astral o espiritual, que sería prácticamente lo mismo. Estamos trabajando para intentar poder realizar dichos viajes de forma física, pero todavía no hemos logrado resultados relevantes.

Viajar a través del tiempo en modo astral tiene ventajas y desventajas. Lo más relevante es que al acceder a otros momentos espaciotemporales de forma espiritual, nadie que habite físicamente en ese momento puede vernos. Aunque claro, siempre suele haber excepciones. Muchos de los fenómenos que se conocen como paranormales o la manifestación de fantasmas o entidades de este tipo, son en realidad reflejos de viajeros en el tiempo, a los cuales en determinados momentos o situaciones podemos llegar a ver o percibir. Lo mismo sucede con algunas psicofonías y manifestaciones registradas en el ámbito de la parapsicología. Pero hay que ser cautos con este asunto, porque estos fenómenos no siempre son consecuencia de viajeros en el tiempo como nosotros, de carne y hueso. Existen entidades espirituales, seres de otros planetas e incluso formas de vida que desconocemos, los cuales también son capaces de viajar en el tiempo como hacemos nosotros. Es por eso que los investigadores de lo paranormal siempre suelen decir que cuando contactas con el más allá abres una puerta a un mundo espiritual que desconocemos y por donde no sabes lo que puede entrar ni qué intenciones tendrá.

En conclusión, mientras los ingenieros y científicos de la organización trabajan en conseguir avances sobre los viajes en el tiempo, otras personas nos dedicamos a investigar en profundidad sobre todos eso seres y entidades que también viajan en el tiempo. Sabemos poco sobre esas formas de vida, y desconocemos por tanto si son una amenaza para nuestra especie. Vuestro trabajo será investigar este asunto, por lo que no sólo tendréis que viajar en el tiempo, también deberéis realizar investigaciones de tipo paranormal. Toda la información que obtengamos sobre ellos será poca. Ahora si tenéis alguna pregunta, estaré encantada de responderla».

La verdad es que Ana nos dejó a todos sin palabras. Acabábamos de recibir información privilegiada sobre cuestiones asombrosas. En ese momento tuvimos claro que no desertaríamos de la organización, ya que nuestro deseo era investigar a fondo aquella cuestión, así que rápidamente comenzamos a formularle preguntas a nuestra enlace.

—¿Las entidades con las que nos comunicamos en Torre Salvana son viajeros del tiempo? —pregunté muy interesado.

—Si te refieres a Leonor, Dalibor y Law, no lo son. Ellos son la parte espiritual de tres personas que murieron hace muchos años. Ya os dije que no todo lo que procede del más allá son viajeros en el tiempo. Hay espíritus de difuntos, demonios y otro tipo de entidades.

—¿Cómo podemos diferenciarlos?

—Como sucede en otras profesiones, cuando estás lo suficientemente curtido despiertas un sexto sentido a modo intuitivo que te ayuda a discernir mejor. No obstante, siempre te puedes equivocar.

—¿Entonces cómo estás segura de que las tres entidades de Torre Salvana son difuntos?

—Porque las conocemos bien. Otros como vosotros viajaron en el tiempo y contrastaron la información. Esa finca es un punto energético muy potente, lo tenemos bien estudiado.

—¿En qué porcentaje los fenómenos paranormales proceden de viajeros en el tiempo? —preguntó Elvira.

—No puedo darte una cifra exacta, pero sí puedo decirte que cada vez hay más viajeros, y no todos son de nuestro mundo. En esas otras realidades también investigan y evolucionan.

—¿Entonces los investigadores de fenómenos paranormales dan palos de ciego? —preguntó Cintia.

—Totalmente. La mayoría cree que tras las manifestaciones se hallan personas muertas, sin valorar otras opciones. Esto es un craso error que, en parte, a nosotros como organización nos beneficia, ya que así no se entrometen en nuestra labor. Nos interesa tener a la gente inmersa en una gran mentira. Es la mejor manera de controlar a la sociedad.

—Según intuyo, si alguien viaja en el tiempo no se puede comunicar como persona física con quienes habitan en esa época, pero sí que lo puede hacer mediante ouija, psicofonías u otro método paranormal. ¿Es así? —pregunté ávido de respuesta.

—Exacto. Por eso nos interesa que investiguéis en Torre Salvana. Allí suelen producirse muchas comunicaciones a nivel astral.

Al terminar la conversación Ana nos dijo que era el momento de que regresáramos a nuestros hogares. Debíamos hacer vida normal para no levantar sospecha. Nos recalcó de forma seria que no habláramos con nadie sobre la organización ni tampoco sobre nuestro trabajo. Incumplir esta norma nos podía costar muy caro, hasta tal punto que otras personas que se habían ido de la lengua habían terminado muriendo en extrañas circunstancias.

13

Pasamos un día haciendo vida normal, acudiendo a los lugares que solíamos frecuentar y dejándonos ver por el barrio. Todo transcurrió en la más absoluta calma.

Por la noche recibí la llamada de Ana.

—Hola Ana.

—¿Qué tal ha ido el día de descanso?

—Muy tranquilo, gracias.

—Mañana por la tarde tenéis que ir a Torre Salvana para iniciar un contacto a través de la ouija. Es importante que intentéis contactar con viajeros del tiempo. Tenéis que saber que las comunicaciones las controlan quienes establecen el contacto mediante el tablero.

—¿Qué quieres decir con esto? —pregunté confuso.

—Vosotros tenéis el control y, por tanto, la capacidad de cortar la comunicación con aquellas entidades que queráis. Te digo esto porque no nos interesa seguir hablando con espíritus de personas muertas. Si establecéis contacto con Dalibor o alguno de ellos, invitadles a abandonar la sesión. Como te digo, lo que realmente nos interesa es obtener información sobre viajeros en el tiempo, y no de muertos.

—¿Y si no quieren marcharse?

—Simplemente tenéis que quitar los dedos de la anilla y esperar unos minutos antes de retomar la sesión. Vosotros sois los que abrís el contacto y, por consiguiente, los que tenéis el poder de elección para decidir con quién queréis hablar y con quién no.

Llamé a mis compañeros por teléfono y los cite al día siguiente en mi casa, para ir todos juntos a Torre Salvana. En ese momento no era consciente de la apasionante experiencia que nos esperaba por delante.

14

A las siete de la tarde nos reunimos en mi domicilio. Esta vez Chevi llegó puntual, las amenazas —o sugerencias— de la organización habían dado sus frutos. Además pude intuir que la noche anterior no había estado de fiesta, ya que parecía entero y lleno de energía.

Entre unas cosas y otras, llegamos a Torre Salvana a las ocho de la tarde. Nos quedaríamos allí varias horas, por lo que llevé un pequeño cáterin. Con el estómago lleno se trabaja mejor, sobre todo si te alimentas con jamón de pata negra y embutido ibérico de primera calidad, ¿no creen?

Nada más entrar en la finca nos dirigimos al lugar de siempre para iniciar la sesión de ouija. Al poner los dedos en el máster y formular la primera pregunta, obtuvimos respuesta.

—¿Hay alguien aquí?

—Hola.

—¿Quién eres?
—Me llamo Kret.

—¿Eres extraterrestre? Te lo pregunto por el nombre con el que te has identificado.
—Vivo en otro planeta.

—¿Cómo se llama y dónde está ese planeta?
—No puedo darte esa información. No me está permitido.

—¿Eres un viajero del tiempo?
—…

—¿Sigues ahí, Kret?
—…

—¿Hola?
—Me sorprende que me preguntéis si soy un viajero del tiempo. ¿Qué sabéis vosotros sobre ese asunto?

—Digamos que pertenecemos a una organización que se dedica a investigar este tema y a experimentar viajes en el tiempo.

—…

—¿Kret?

—…

—¿Te has ido o es que no quieres hablar?

—Es la primera vez que me encuentro en una situación así.

—¿A qué te refieres?

—Yo viajo en el tiempo para investigar y experimentar, pero nunca me he encontrado con alguien como yo, que investiga y experimenta. Lo normal es que contacte con personas que ni siquiera saben que existen los viajes en el tiempo.

—Ya imaginamos. Te toparás con gente que piensa que los difuntos o los demonios son los causantes de este tipo de comunicaciones, ¿cierto?

—Sí. Por eso me sorprende mucho este diálogo.

—Si te parece bien podemos intercambiar información.

—No sé si será posible, tendré que consultarlo con mis superiores. En el caso de que accedan, contactaremos en otra ocasión.

—Vale. Encantados de conocerte, aunque sea de esta forma tan peculiar.

—Gracias. Un cordial saludo.

El extraterrestre se marchó de la sesión y nosotros aprovechamos para beber agua y charlar sobre lo ocurrido. Nos pareció apasionante lo que acabábamos de vivir. La idea de intercambiar información con un viajero del tiempo procedente de otro planeta era algo asombroso. Estábamos viviendo una situación tan surrealista que si se la contábamos a alguien nos tomaría por locos. ¡Y YO NO ESTOY LOCO!

Posteriormente intentamos establecer nuevos contactos pero sólo conseguimos hablar con espíritus de personas muertas, por lo que tomamos la decisión de comer algo y abandonar el lugar.

Por cierto, lo grabamos todo en vídeo y audio, ya que nos lo exigía la organización.

Al día siguiente acudimos a la sede para entregar dichas grabaciones y analizar junto a Ana todo lo sucedido en la jornada.

15

A media mañana recibí la llamada de Ana, quien nos citó a mediodía en la sede de la organización para comer juntos y hablar sobre la jornada anterior. Al colgar el teléfono me mandó la localización del lugar, ya que no tenía las coordenadas exactas.

A las dos y media estábamos sentados en una lujosa mesa con comida y bebida de primera calidad. Ana presidía la recepción y nosotros nos sentamos a los lados.

Durante la discernida comida, le explicamos a la mujer todo lo que había sucedido la noche anterior. Elvira propuso la idea de viajar en el tiempo para trasladarnos al planeta donde residía el tal Kret. Sin embargo, nuestra enlace nos explicó que eso era imposible, ya que desconocíamos cuál era su planeta. Sólo nos quedaba esperar a ver si volvíamos a contactar con él y podíamos obtener más información.

La chica nos dijo que teníamos que ser muy cautos a la hora de dar información sobre los viajes en el tiempo a otros viajeros o entidades, ya que en realidad desconocíamos sus intenciones y, por tanto, si estas serían positivas o negativas para nosotros.

Antes de marcharnos, la chica nos explicó un suceso que ocurrió hace unos años a otros miembros de la organización. Nos lo contó así:

«Hace unos años había un grupo de investigadores, como vosotros, que estaban investigando en un conocido lugar de poder, donde se producen muchos avistamientos de OVNI. Estas personas establecieron comunicación de forma repetida con un viajero en el tiempo que decía llamarse Bastet. El viajero se mostró amable y educado en todo momento, incluso muy participativo a la hora de intercambiar información. Sin embargo, tras varios meses de contacto, ocurrió algo terrible. Uno de los nuestros apareció muerto en extrañas circunstancias. Nunca supimos a qué se debió su fallecimiento, pero rápidamente asociamos su muerte a los contactos mantenidos con Bastet. Y es que desde ese fatídico momento nunca más pudimos establecer comunicación con aquel viajero del tiempo. Tenéis que tener cuidado y no fiaros de nadie. En esos otros mundos, físicos, mentales y astrales, hay seres con tecnología inferior a nosotros, es cierto, pero también los hay que la tienen muy superior, por lo que no sabemos a qué nos exponemos».

Después de conocer el relato que Ana nos había contado, la mujer nos invitó a tomarnos el resto del día de descanso. A la mañana siguiente nos daría nuevas instrucción... Aunque aquella noche sucedió algo que cambió el rumbo de nuestro destino.

16

A las ocho de la mañana nos levantamos para desayunar, aunque yo lo hice media hora antes para darme una buena ducha.

Nos sentamos en la mesa y, diez minutos más tarde, apareció Ana, quien se dirigió al grupo para informarnos de algunas novedades.

—Como sabéis la organización no puede ir dando información abiertamente a sus miembros. Es por eso que hasta este momento no he podido hablar con claridad sobre vuestra verdadera misión.

—¿A qué te refieres? —pregunté extrañado.

—Todo lo que habéis experimentado hasta el momento ha formado parte de un pequeño entrenamiento, además de un proceso en el cual hemos valorado vuestras capacidades e implicación. Aunque desde el principio sabíamos que erais perfectos para el trabajo teníamos que asegurarnos.

—Seguimos sin entender nada —volví a replicar.

—Los viajes en el tiempo no sólo sirven para conocer otras formas de vida o épocas de la historia. Esto está muy bien, pero se le puede sacar partido de muchas otras maneras. En nuestro mundo físico y en el día a día, suceden hechos terribles que conmocionan a la sociedad, los cuales en muchas ocasiones son difíciles de controlar ya que es complicado acceder a la raíz del problema con la rapidez que nos gustaría. Aquí en donde entráis vosotros mediante los viajes en el tiempo. ¿Recordáis vuestros viajes sentados en aquella silla de la habitación que hay arriba?

—Sí —contestamos todos.

—Pues vamos a instalar un laboratorio en Torre Salvana para trabajar desde allí, ya que el lugar es muy potente a nivel vibratorio, como ya sabéis.

—¿Pero cuál será nuestro cometido? —preguntó Cintia.

—Cada uno tendréis el vuestro. A partir de ahora trabajaréis por separado, aunque es posible que en algunas misiones tengáis que colaborar.

—Esto que nos cuentas nos rompe todos los esquemas —añadió Elvira.

—Tranquila, Elvira. Tú por ejemplo te dedicarás a temas más espirituales. Cintia trabajará en temas más históricos y arqueológicos. Chevi pasará a formar parte de un grupo especial dedicado a los fenómenos paranormales, y tú, Alonso, formarás parte del departamento de Alerta Social.

—¿Alerta Social? —pregunté confuso.

—Sí. Esta tarde profundizaremos en el tema. Ahora disfrutad de la mañana que hace un día espléndido.

A las cinco de la tarde, Ana me citó en la planta superior. Al llegar uno de los miembros de seguridad me abrió la puerta y me invitó a pasar. Me senté en una silla, y encima de la mesa pude ver unos papeles que llamaron mi atención.

Jonh Wayne Gacy, apodado como «Pogo, el payaso», fue el primer asesino de la historia que se vistió de payaso para perpetuar sus crímenes.

Este asesino en serie mató a 33 personas, todos niños y jóvenes. Sus crímenes se llevaron a cabo entre los años 1.972 y 1.978.

El 10 de mayo de 1.994 fue ejecutado en una prisión de Illinois. Sus últimas palabras fueron escalofriantes:

«¡Bésenme el culo!
¡Nunca sabrán dónde están los otros!»
(Jonh Wayne Gacy)

***

Apenas me dio tiempo a leer aquellos documentos cuando Ana se presentó en la sala.

—Hola Alonso.

—Hola Ana —sonreí.

—¿Has leído este documento?

—Sí, acabo de hacerlo. ¿Qué es?

—Se trata de tu próxima misión.

—¿Tengo que impedir que ese payaso mate gente? —pregunté extrañado.

—No. Déjame que te explique.

—Adelante —volví a sonreír.

—Ha llegado a nuestro país una macabra moda donde personas disfrazadas de payaso aterrorizan a la gente. Esta nueva corriente moderna se ha convertido en un auténtico peligro para la sociedad, llegando a generar un estado de pánico colectivo. Según las últimas pesquisas policiales, ya no sólo se asusta al ciudadano a modo de juego siniestro, sino que determinados payasos han llegado a agredir brutalmente a transeúntes que se encontraban a su paso, e incluso, se han organizado grandes quedadas entre payasos para generar peleas multitudinarias. En las últimas semanas varias son las personas que han perdido la vida "gracias" a estos dementes peligrosos.

—¿Y yo qué tengo que hacer al respecto? —no entendía cuál era mi misión.

—Tienes que viajar en el tiempo para recopilar información. Necesitamos saber qué o quién ha fomentado esta moda y con qué objetivo. Si conseguimos establecernos en el espacio-tiempo en que comenzó a forjarse esta locura, podremos obtener la información que necesitamos para cortar esto de raíz y prevenir próximas desgracias similares.

Todo me parecía tan surrealista que terminé aquella conversación lleno de dudas. No sabía por qué pero notaba como si mi cabeza estuviese a punto de explotar. Fue una sensación extraña, ya que una lucha interna se libró de forma brutal en mi mente, como si algo oculto en ella quisiera salir. En ese momento, un tremendo mareo hizo que me desplomara.

17

Abrí los ojos y me vi atado en una cama, parecía estar en la habitación de un hospital, aunque era un lugar extraño. Sin embargo, me resultaba muy familiar.

A los pocos minutos, Ana apareció por la puerta.

—Hola Ana —dije sofocado.

—Hola. ¿Qué tal estás?

—No lo sé. ¿Qué hago aquí? —pregunté extrañado.

—Estás ingresado en este centro, ¿no te acuerdas?

—… Pues no.

—¿Sigues sin recordar quién eres y qué haces aquí?

—Soy Alonso Mendieta y trabajo para la organización con el tema de los viajes en el tiempo.

—No. Tú no te llamas Alonso. Haz un esfuerzo. ¿Quién eres?

—¡Soy Alonso! ¿Qué diablos está pasando?

—Te llamas Santiago Buenavista. Estás ingresado en

este psiquiátrico desde hace unos meses. Una persona te encontró en Torre Salvana, ¿no lo recuerdas?

—Eso no es verdad.

—¿Sabes qué es Torre Salvana? —me preguntó la mujer.

—¡Claro que lo sé! Es una finca que compré y que luego vendí a la organización.

—Tú nunca has comprado Torre Salvana y no existe ninguna organización de la que hablas. Santiago, te hallaron en Torre Salvana lleno de sangre. Tienes una enfermedad mental y has cometido actos terribles.

—¡Eso no es verdad!

—¿Tampoco recuerdas lo que le sucedió a tu padre?

—No...

—Santiago, lo mejor es que leas esto que tú mismo escribiste.

DIARIO SECRETO DE SANTIAGO BUENA-VISTA

Como cada día, esperaba en el sofá de casa viendo la tele. Mi padre llegaba de trabajar sobre las diez y media de la noche, hora en la que me sentaba con él en la mesa para degustar la cena que mi madre nos preparaba. Éramos una familia tradicional en ese aspecto, nos gustaba cenar juntos y hablar sobre cómo nos había ido el día. Sin embargo, aquella trágica noche, todo fue diferente.

Comencé a ponerme inquieto al ver que mi padre no llegaba, aquello era muy extraño, él nunca se retrasaba y si alguna vez se paraba en el bar a tomar una cerveza, nos avisaba. Aun así, cuando esto ocurría sólo se atrasaba veinte minutos o media hora como mucho, por eso mi preocupación era brutal al ver que el reloj marcaba las doce y no aparecía.

Llamamos a su trabajo, pero lógicamente no contestó nadie. Él era el jefe del turno y cuando salía de la fábrica lo hacían el resto de trabajadores.

También llamamos a varios amigos y familiares para saber si tenían noticias suyas, pero nadie, absolutamente nadie, sabía dónde estaba.

La trágica noticia nos llegó a las dos de madrugada, cuando recibimos una llamada telefónica que nos dejó destrozados. En ese momento mi vida cambió.

—Hola, ¿eres Santiago?

—Sí, soy yo. ¿Quién eres? —contesté nervioso.

—¿Está tu madre?

—¿Quién eres? Dime algo, por favor.

—Soy Esteban, de la Policía. Dile a tu madre que se ponga.

—Si le ha pasado algo a mi padre dímelo a mí,

soy mayor de edad.

—Está bien, Santiago. Tu padre ha sufrido un accidente y está ingresado en el hospital.

Luego supe que no fue un accidente, sino una agresión con arma blanca, pero al parecer, la Policía en estos casos suele suavizar la noticia para que no cause un impacto tan grande en los familiares afectados.

Una vez que llegamos al centro médico nos explicaron al detalle todo lo que había ocurrido. Mi padre salió de trabajar y, como cada noche, fue caminando hasta la parada de autobús que hay a escasos trescientos metros de la fábrica. Allí se sentó a esperar, según nos informó la Policía. Instantes después, uno o varios tipos vestidos de payasos diabólicos se acercaron a él y lo apuñalaron en repetidas ocasiones.

La verdad es que no puedo llegar a entender cómo hay personas en este mundo que son capaces de divertirse utilizando la violencia como estandarte. No me entra en la cabeza, sin embargo, hay una buena parte de la sociedad que parece disfrutar con esto. Si echo la vista atrás y reflexiono, me vienen a la cabeza imágenes terribles ocasionadas por ultras del fútbol, agresores sexuales, violencia de género, peleas en lugares de ocio, robos con fuerza, agresiones racistas, y un largo etcétera. Es habitual, por desgracia, que en una localidad con miles de habitantes se produzca diariamente alguna situación de este tipo, y lo más preocupante es que la sociedad, a pesar de sentir rechazo por ello, lo ve como algo normal con lo que hay que aprender a convivir.

Volviendo a la noche de la tragedia, tengo que decirles algo que me marcó definitivamente para el resto de mi existencia, y es que no pude llegar a ver a mi padre con vida, porque cuando llegamos al hospital estaba en quirófano. El final fue fatídico, falleció en la sala de operaciones debido a las brutales heridas que uno o varios payasos le habían causado con un arma blanca. Aunque tiempo después supe que la herramienta utilizada fue una pequeña hacha.

Aquella noche me prometí algo a mí mismo, y es que investigaría lo que se esconde detrás de esta macabra moda y haría que lo asesinos de mi padre pagaran por su muerte. Lo más probable era que la Policía encontrara a los asesinos antes que yo, pero rezaba con fuerza para que eso no sucediera, al menos no antes de que yo los identificara. Mi propósito era darles su merecido. Lo tenía claro, y así lo sentía, mientras observaba a mi familia llorando de dolor por todo lo acontecido.

Las siguientes 48 horas tras el asesinato de mi padre fueron realmente duras. Toda la familia, los amigos e incluso conocidos y personas de la calle, se volcaron con nosotros en un gesto de cariño y compasión que jamás podré olvidar. El tanatorio se llenó de coronas y flores para dar el último adiós a mi padre. Multitud de personas vinieron a darnos el pésame, y los medios de comunicación se hicieron eco de todo lo sucedido. Aunque no es menos cierto que algunos medios buscaban el morbo y el sensacionalismo, importándoles muy poco la muerte de mi padre y nuestro respectivo sufrimiento, pero aun así, divulgaron la noticia con cierto respeto.

Apenas había conseguido dormir un par de horas en los últimos días, por lo que llegué al entierro de papá con unas tremendas ojeras, igual que mi madre y el resto de la familia. Se notaba de forma abismal el sufrimiento que estábamos padeciendo, y quizá por eso recibimos tantos abrazos y muestras de cariño.

Recuerdo que una vez que todo el mundo pasó a

darnos el pésame y que mi padre fue enterrado, se acercó hasta nuestra posición un chaval que tendría aproximadamente mi edad. Siempre recordaré aquella conversación. Ese día supuso otro antes y otro después en mi vida.

—Hola Santiago, ¿podemos hablar un momento?

—Sí, claro.

—Mi nombre es Carlos. Lo primero que quiero decirte es que siento mucho lo que ha pasado. A mi hermano de 14 años también lo mató un tipo vestido de payaso diabólico, por lo que entiendo y comparto su dolor.

—Me dejas helado, Carlos —dije atónito.

—Lo supongo. Es difícil concebir cómo alguien es capaz de matar a un niño de 14 años por mera diversión y entretenimiento.

—Claro, por eso te lo decía. Si ya es eternamente duro lo que me ha pasado a mí al perder de forma tan injusta a mi padre, no quiero pensar lo que tiene que ser que asesinen a tu hermano con tan sólo 14 años de edad. Es algo terrible.

—Lo es, ya lo creo que lo es, Santiago.

—Si quieres podemos estar en contacto, ya que creo que nos podemos ayudar mutuamente para intentar sobrellevar mejor el dolor. ¿Qué te parece?..

¡Ah, por cierto! Espero que el asesino de tu hermano esté ya entre rejas.

—Bueno, lo primero decirte que los asesinos siguen sueltos y que la Policía no tiene ni siquiera un sospechoso del crimen, aunque ellos nos dicen que sí. Segundo; claro que quiero que mantengamos contacto, de hecho me he acercado a hablar contigo porque tengo una propuesta que hacerte, aunque siendo sincero no sabía si llegar a proponértela, pero tras haber charlado contigo voy a hacerlo porque creo que somos compatibles.

—¿De qué se trata? —estaba impaciente por saberlo.

—Mejor quedamos esta tarde y te lo cuento sin prisa.

—Vale, me parece bien, ¿dónde quedamos?

—En mi casa, a las cinco, ¿te parece bien? —me anotó su dirección en una hoja que arrancó de un pequeño cuaderno de anotaciones.

—Perfecto, nos vemos luego.

Una vez que llegué a casa me encerré en mi habitación para devorar un bocadillo de mortadela. Apenas había comido en los últimos dos días, por lo que mi cuerpo necesitaba reponer energía.

Encendí el televisor para distraer un poco mi

mente, pero al cambiar de canal —será cosa del destino— presencié una nueva noticia sobre estos payasos diabólicos. No se me marcha de la cabeza aquellas imágenes. Soy consciente de que era una recreación, pero mostraba con total realidad lo que acababa de suceder en Barcelona.

Durante varios segundos tuve la imperiosa necesidad de apagar el televisor, pero algo dentro de mí me decía que tenía que aguantar tragando aquellas imágenes. La verdad es que minutos después tuve claro que para investigar el tema y vengar a mi padre debía dotarme de toda la información posible y localizar el testimonio de personas que pudieran lanzar un poco de luz a todo esa situación surrealista por la que estaba pasando nuestra sociedad.

En las imágenes de televisión se recreaba una escena en la cual tres payasos asesinos se abalanzaban sobre un anciano que estaba tumbado en una esquina, entre cartones y ropas viejas. Según comentaron en el programa, varios grupos de payasos se dedicaban a agredir violentamente a mendigos y personas desfavorecidas socialmente. Este tipo de agresiones se estaba poniendo de moda en nuestro país, ya que al parecer, estas personas de la calle eran menos propicias a denunciar las agresiones que el resto de la población. Los malditos payasos diabólicos tenían estudiado el tema. La verdad es que me sorprende mucho cómo alguien puede tener tanta sangre fría para operar así y dormir tranquilo por las noches.

Después de comer salí a dar una vuelta para hacer tiempo antes de ir a casa de Carlos. El paseo resultó ser algo incómodo porque no podía sacarme de la cabeza la muerte de mi padre y la conversación que tenía pendiente con el chico. No tenía claro qué era lo que me iba a proponer, así que pasaron por mi mente mil posibilidades, pero todas me parecía absurdas, creyendo por momentos que me estaba volviendo paranoico. ¡YO NO ESTOY LOCO!

Me senté en un parque cercano al domicilio de Carlos, para contemplar el entorno. Pude ver a varias parejas paseando de la mano, a un grupo de niños que jugaban con una pelota y a tres o cuatro familias sentadas junto a unos columpios. El ambiente que se respiraba era de calma y sosiego, a pesar de que algunos chavales discutían y se peleaban mientras se divertían jugando. La verdad es que en ese momento me sentí algo más tranquilo y por unos instantes mis preocupaciones se disiparon a la par que contemplaba la dulce escena.

Diez minutos antes de la hora establecida para

mi reunión con Carlos, me levanté del banco y partí para su casa.

Minutos más tarde me encontraba frente al bloque número 6. Había llegado al lugar de destino.

El chico me abrió la puerta y me invitó a subir. En ese momento, todos los fantasmas de mi paranoia comenzaron a aflorar de nuevo. ¿Qué quiere proponerme Carlos?, me pregunté una y otra vez mientras subía en el ascensor.

Al llegar a rellano número cuatro, toqué en el piso número dos... instantes después, Carlos abrió la puerta y me invitó a pasar.

Nos sentamos en su habitación y, segundos después, la propuesta se hizo patente... ¡Me quedé a cuadros!

—Ahora que estamos sentado y en intimidad, déjame que te proponga algo —dijo Carlos.

—Tengo muchas ganas de escuchar lo que tienes que decirme —estaba impaciente.

—Como sabes a mi hermano de 14 años lo mataron por esta maldita moda.

—Lo sé —asentí con la cabeza.

—Y a tu padre también lo han asesinado por esto, por lo que creo que ambos tenemos el mismo interés en que todo termine y se capture a los culpables, ¿estoy en lo cierto?

—Totalmente, Carlos… continúa, por favor.

—Vale. Yo estoy dispuesto a investigar quién mato a mi hermano y entregar todas las pruebas que encuentre a la Policía. Si quieres puedes unirte a mí y entre los dos buscamos a los asesinos de tu padre y de mi hermano.

—No te lo vas a creer, Carlos, pero yo también tenía pensado investigar esta moda para vengar a mi padre, aunque hay una pequeña diferencia, y es que no pensaba informar a la Policía de nada, sino aplicar la justicia por mis propios medios.

—Pues tampoco es mala idea —Carlos se quedó pensando tras decirme que no le disgustaba mi propuesta.

—¿Nos vengamos de esos asesinos? —esperaba un sí por respuesta.

—… Pues… la verdad… Sí, Santiago, creo que sí. Vamos a tomarnos la justicia por nuestra mano, aunque no descartemos informar a la Policía si la cosa se pone fea, ¿vale?

—De acuerdo, me parece buena idea —era razonable.

***

Al leer aquello percibí cierta familiaridad con esa

historia. Mi mente entró en un estado reflexivo y en ese momento tuve la sensación de estar viviendo un extraño sueño. Acto seguido, Ana volvió a establecer una conversación conmigo.

—Santiago, tienes una enfermedad mental muy severa y peligrosa. Casi todo lo que has leído ha sucedido de verdad. Has adoptado la personalidad de los payasos y los has encarnado. Tú mataste al chico de 14 años y también a tu propio padre. Eres una persona muy peligrosa. Creas historias terribles en tu cabeza y luego les das vida.

—¡No puede ser! ¡Me estás engañando!

—Tu afición por temas paranormales y ocultistas te llevaron a obsesionarte tanto por las cosas macabras que al final caíste en las garras del mal. Algunos sacerdotes que te han visto aseguran que estás poseído por varios demonios, pero nosotros creemos que se trata de un grave problema mental. Sea como fuere, creemos que lo mejor es que no vuelvas a estar en libertad nunca más.

—¿He matado gente? —pregunté llorando y confundido.

—A más de diez personas…

En ese momento recordé todas las barbaridades que había cometido…

LIBROS RECOMENDADOS

MIGUEL ÁNGEL SEGURA

OUIJA

¿Quieres saberlo
todo sobre la Ouija?

MIGUEL Á. SEGURA

COLECCIÓN TRAS EL MISTERIO

LA
BARCELONA
EXTRAÑA

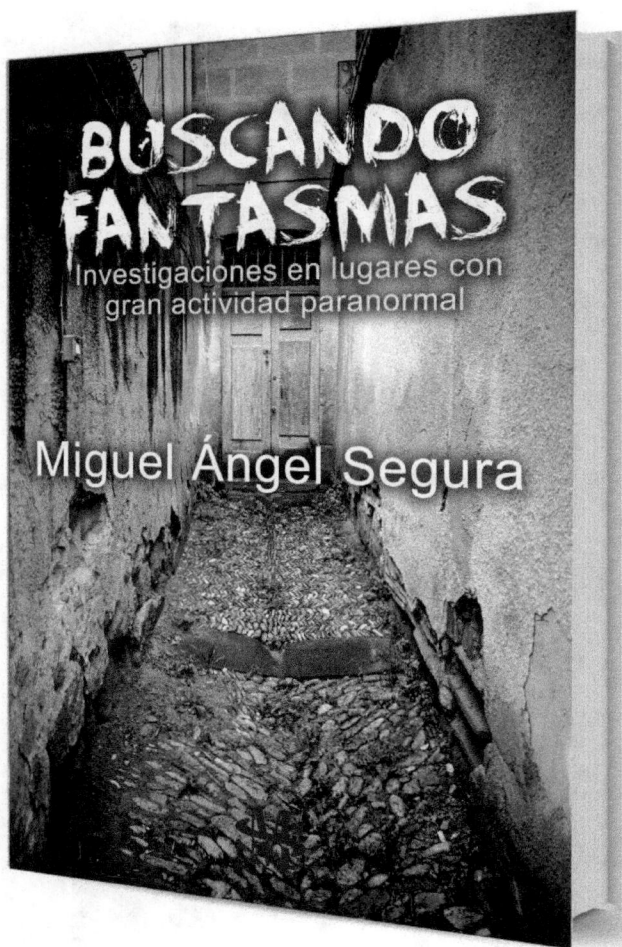

BUSCANDO FANTASMAS

Investigaciones en lugares con gran actividad paranormal

Miguel Ángel Segura

LOS MISTERIOS DEL
LLAC PETIT

Miguel Ángel Segura

La leyenda negra...

LOS **MISTERIOS** DEL **VALLES OCCIDENTAL**

Investigación paranormal en lugares
insólitos de nuestra comarca

2ª edición
Nueva portada

Miguel Ángel Segura

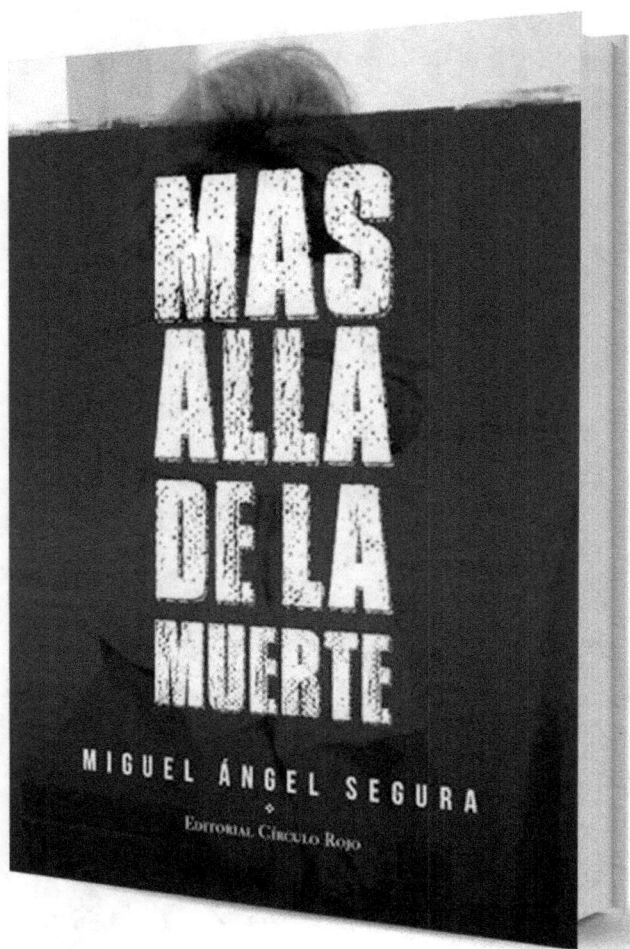

MAS
ALLA
DE LA
MUERTE

MIGUEL ÁNGEL SEGURA

EDITORIAL CÍRCULO ROJO

HOSPITAL DEL TORAX

EXORCISMOS EN EL SANATORIO

Colección Hospital del Tórax 1

MIGUEL ÁNGEL SEGURA

HOSPITAL DEL TÓRAX

Mis primeras investigaciones

Así comenzó todo...

Miguel Ángel Segura

BIBLIOTECA | HOSPITAL DEL TÓRAX

Miguel Ángel Segura

Valles Post Mortem

TAROT
ALICIA GALVÁN
WWW.ALICIAGALVAN.COM
SÍGUENOS

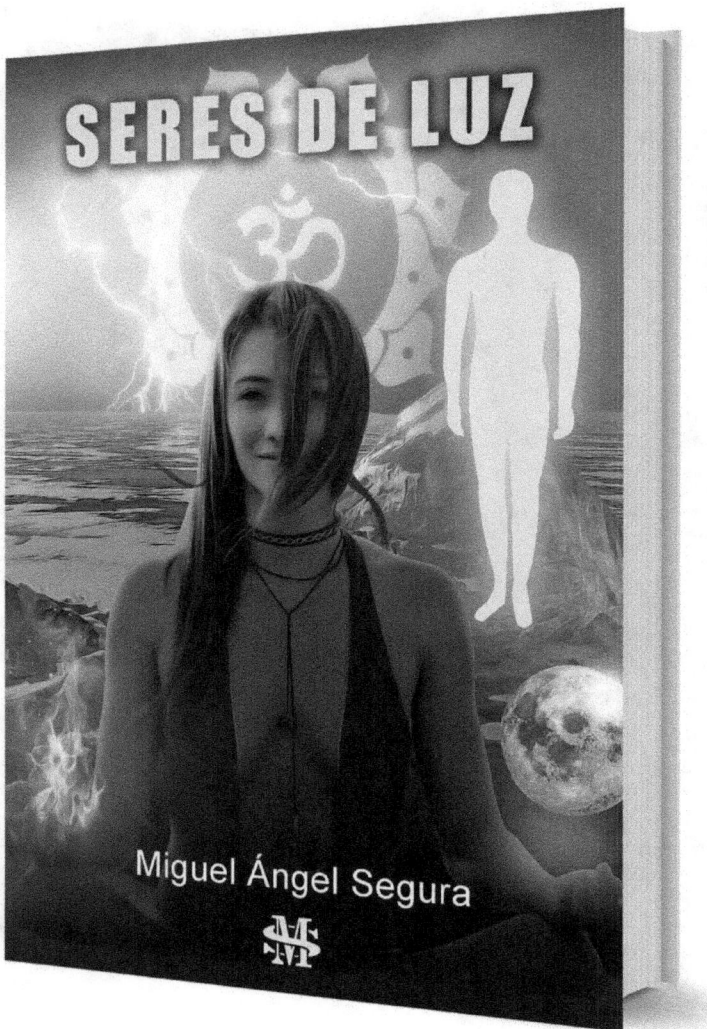

SERES DE LUZ

Miguel Ángel Segura

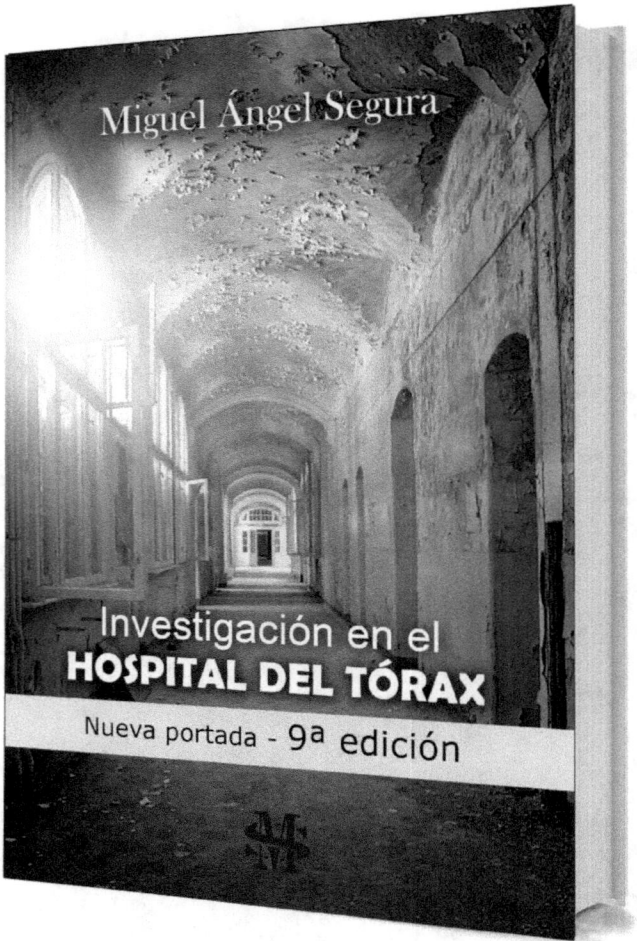

Miguel Ángel Segura

Investigación en el
HOSPITAL DEL TÓRAX

Nueva portada - 9ª edición

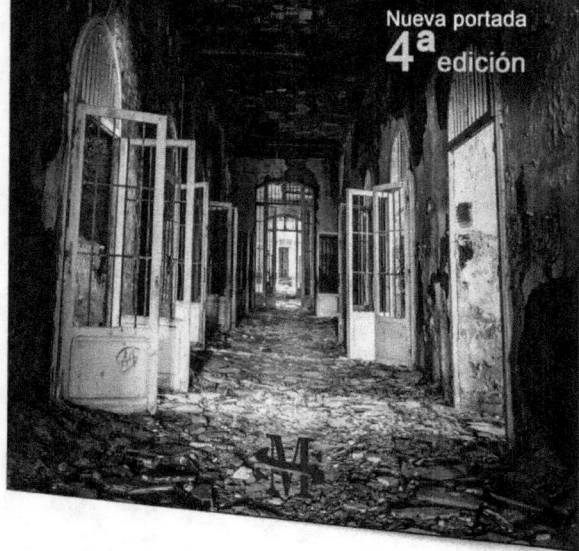

Miguel Ángel Segura
HOSPITAL DEL TÓRAX
Lo que nadie te ha contado

Nueva portada
4ª edición

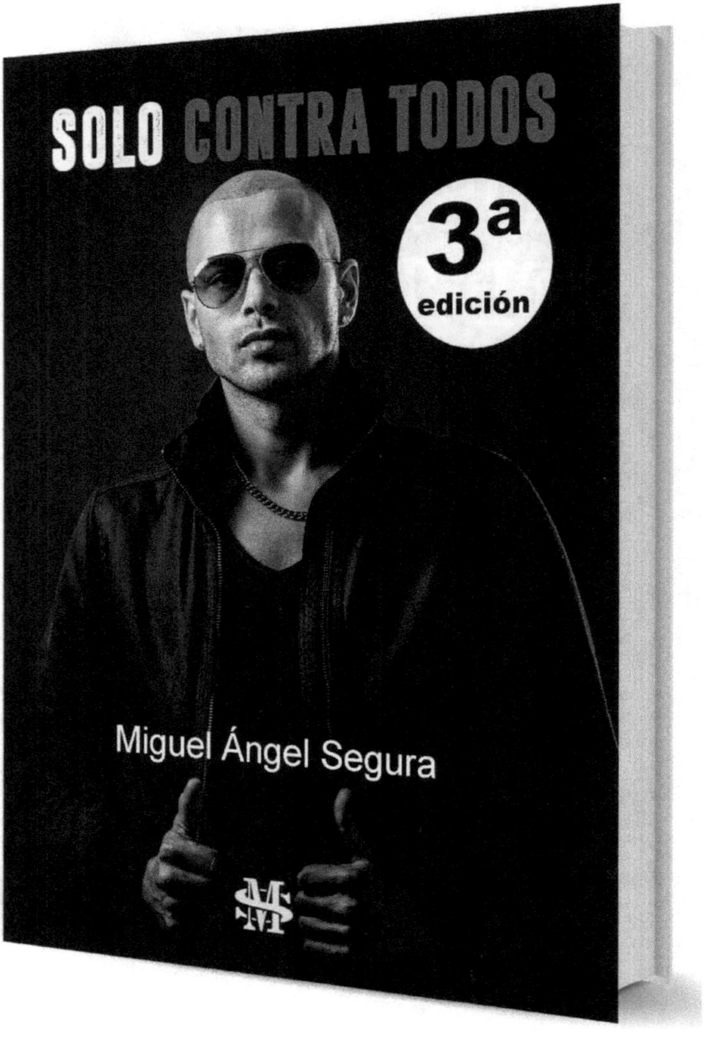
SOLO CONTRA TODOS
3ª
edición
Miguel Ángel Segura

Millones de personas en todo el mundo son a diario testigos de sucesos extraños

Miguel Ángel Segura

TESTIGOS DE
LO INSÓLITO

ÍNDICE